Mama´s Kochbuch

112 verführerische und gesunde
Rezeptideen - verblüffend einfach und leicht

Rita Gollner

Haftungsausschluss

Der Inhalt dieses Buches wurde mit großer Sorgfalt geprüft und erstellt. Für sämtliche Inhalte kann jedoch keine Garantie übernommen werden. Dies gilt weder für die Richtigkeit, Vollständigkeit, noch Aktualität der Inhalte. Alle enthaltenen Informationen basieren lediglich auf die eigene Meinung und persönliche Erfahrung des Autors. Der Inhalt darf keines Falls als medizinische Hilfe gesehen werden. Für selbstverursachte Schäden und Fehlhandlung des Lesers wird daher keine juristische Haftung seitens des Autors übernommen. Zudem garantiert der Autor keinerlei Erfolge mit dem im Buch erwähnten Informationen, da diese wie oben genannt nur auf persönliche Erfahrung des Autors basieren und lediglich als Unterhaltung diesen sollen. Die Verantwortung für die im Buch beschriebenen Ziele liegt einzig und allein beim Leser selbst. Gleichzeitig wird keine Haftung auf den im Buch angegebenen Quellen und externen Webseiten übernommen. Für all diese Inhalte ist einzig und allein der jeweilige Webseitenbetreiber verantwortlich weshalb der Autor automatisch von einer Haftung ausgeschlossen ist.

Impressum

1. Auflage 2020

Kontakt: Rita Gollner, Pilsachhof 74 / 9543 Arriach
info@pilsachhof.com

Besuchen Sie unser Paradies im Internet:
www.pilsachhof.com
Facebook: Pilsachhof

Inhaltsverzeichnis

Vorwort

„Sag mir, was Du isst und ich sag Dir, wer Du bist“!

Ändern Sie zu Ihrem Wohle, Ihre Essgewohnheiten! Warum Sie bewusst frisch kochen und sich gesund ernähren sollten, um ein langes und freudig vitales Leben zu führen und auch noch ganz nebenbei unsere Umwelt und Tiere zu schützen.

Bereits Anfang der 80er Jahre wurden Bücher zum Thema „gesunde Ernährung“ verfasst. Dass das Thema so enorm an Wichtigkeit gewinnt, konnte damals niemand erahnen.

Eine schlanke, gesunde Ernährung beginnt schon beim Einkauf. Sie brauchen in Zukunft nur ein bisschen mehr Ihren Verstand, als die Augen nützen. Nicht alles was schön und makellos aussieht, ist auch gesund und nahrhaft. Z.B. helles Brot, weißen Zucker, geschälten Reis, können Sie getrost im Regal liegen lassen. Sie enthalten keine nennenswerten Inhaltsstoffe. Wunderschönes Obst und Gemüse, ohne jeden Makel und dann noch in Frischhaltefolie verpackt, Lebensmittel von irgendwo mit vielen Kilometern Transportweg, Fleisch aus Massentierhaltung oder nicht aus der Region, usw., ist nichts für meine Küche! Bis zum Verbrauch sollten Obst und Gemüse kühl und dunkel gelagert werden.

Eine gesunde Ernährung besteht aus ganz „normalen“ saisonalen Nahrungsmitteln. Es ist nicht notwendig, dass Lebensmittel tausende Kilometer über den Erdball transportiert werden. Völlig zu verachten sind Lebendtiertransporte unter fürchterlichen Bedingungen bis ans andere Ende der Welt. Ein argentinisches Rindfleisch ist absolut auf unseren Tellern nicht notwendig. Massentierhaltung ist ein Vergehen der Menschheit an den wehrlosen Tieren. Weiters bekommen wir bei Produkten aus der Massentierhaltung gratis Antibiotika und sonstige Schadstoffe mitgeliefert. Es ist genauso ein MUSS, mit dem heutigen Wissen, möglichst auf Palmöl zu verzichten.

Wir sind verpflichtet, sehr bewusst die Nahrungsmittel zu kaufen: regional, national um unsere Bauern zu unterstützen und weite Transportwege als Beitrag zum Umweltschutz zu vermeiden. Wenn es denn Südfrüchte sein müssen oder die heiß begehrten Kaffeebohnen, dann kaufe ich Fairtrade Produkte. Wir sind in unserer Verantwortung gefordert, die Wertschätzung allen entgegen zu bringen, die in der Lebensmittelkette eine Aufgabe hatten - vom Erzeuger bis zum Endkonsument.

Eine weitere große Herausforderung der heutigen Zeit, nicht nur in der Küche, ist der ZUCKER. Zucker hat viele negative Auswirkungen auf den Körper. Er macht schlaff, antriebslos, müde, depressiv und krank. Zucker ist jedoch auch wichtig für den menschlichen Organismus. Doch ist Zucker nicht gleich Zucker. Haushaltszucker ist schädlich, während natürlicher Zucker, wie er in Früchten, Gemüse oder vollwertigen Lebensmitteln vorkommt, wichtig und gesund ist. Wir nehmen aber wahllos Zucker in Unmengen zu uns: Süßigkeiten, Limonaden, usw. Es gibt heute völlig überzüchtete Obstsorten, wie Bananen, Ananas, sogar Wassermelonen, die auf höchstmöglichen Zuckergehalt gezüchtet wurden, weil unser Gaumen auf süß programmiert ist.

Unsere Nahrungsmittel, die wir verzehren, tragen in hohem Maße dazu bei, dass Allergien nur so aus dem Boden schießen. Natürlich sind Allergien ein sehr komplexes Krankheitsbild, mit hunderten Ursachen. Dies alles zu klären, überlasse ich den medizinischen Experten. Ich bin für mich und meine Familie verantwortlich, alles zu tun, um eventuelle Missstände auszuschalten, damit wir gesund und freudig leben können.

Oder bei der weit verbreiteten Volkskrankheit Übergewicht, helfen allein Bioprodukte oder frisch gekochte Speisen, nicht. Nur Sie selbst, können dagegen etwas unternehmen: durch kritischen Einkauf, eine sorgfältige Verarbeitung der Lebensmittel und ein höheres Verantwortungsbewusstsein bei der Gestaltung des täglichen Speiseplans, wird eine Veränderung zulassen. Die Tatsache, dass die Menschheit viel zu übergewichtig ist, sich einseitig mit Fertigprodukten ernährt und viel zu schnell isst, ist im Grunde genommen eine viel größere Gefahr für die Gesundheit, als eventuelle Schadstoffrückstände.

Übergewicht ist im Prinzip „nur" ein Bilanzproblem, bei dem die Einnahmen (Nahrungsaufnahme) stets größer sind als die Ausgaben (Verwertung durch körperliche Arbeit oder Sport). Schon 100 Kalorien täglich, die zu viel aufgenommen werden, als man verwerten kann, wachsen innerhalb eines Jahres zu einem Speicher von 36.500 Kalorien an. Das entspricht immerhin einem Übergewicht von 4kg pro Jahr.

Sehr oft ist Übergewicht auch das massive Ergebnis von psychischen Hintergründen, die mit fachlich kompetenter Begleitung gefunden und aufgelöst werden müssen. Eine gesunde Kost ist dann lediglich das „Rahmenprogramm".

Keinesfalls außer Acht lassen dürfen wir unsere Hingabe und Liebe zum Kochen. Unsere Achtsamkeit und Wertschätzung der Lebensmittel, ist ein ebenfalls großer Part in der gesunden Kost-Zubereitung. All diese Gefühle essen wir mit, ob wir dran glauben oder nicht!

Auch beim Kaufmann um die Ecke erhalten wir die Produkte für eine gesunde, abwechslungsreiche Vollwertkost. Regionalvermarkter bieten sehr gerne ihre selbstgemachten Produkte im „Tante Emmaladen" an. Damit können wir gleichsam die Nahversorgung und Arbeitsplätze in der Region mit unterstützen. Zusätzlich werden wir zu Umwelt- und Tierschützern!

Wenn diese Lebensweise als Lebensphilosophie erkannt wird, gleichsam eine Vorbildfunktion erfüllt, dann ist wieder ein großer Schritt zum bewussten Leben und erleben, geschafft.

Was kann ich tun, um mehr Energie zu haben?

Quelle: https://www.heimsoeth-academy.com/

- ✓ achte auf eine gesunde Ernährung
- ✓ reduziere den Verzehr von Fleisch und Wurst
- ✓ trinke ausreichend klares Wasser
- ✓ schlafe genug (7-8 Stunden)
- ✓ achte auf Deine Gedanken
- ✓ suche Dir Menschen, die an Dich glauben und Dir den Erfolg gönnen
- ✓ meide Jammerer
- ✓ meide Menschen, die Dich ständig kritisieren
- ✓ bewege Dich ausreichend: Treppen steigen, anstatt mit dem Lift zu fahren, Fahrrad für Kurzstrecken
- ✓ am Tag ca. 2 Stunden Pause zum Durchatmen
- ✓ führe ein Glücks- und Dankbarkeitsbuch

SALATE

Blattsalat mit Ziegenkäse

Zutaten:

- ✓ 1 EL Pinienkerne
- ✓ 100 g Blattsalat, nach Wahl
- ✓ 100 g Ziegenweichkäse
- ✓ 2 EL Zitronensaft
- ✓ 2 Knollen Rote Beete, vorgegart
- ✓ 1 TL Senf
- ✓ 1 EL Olivenöl
- ✓ 1 TL Honig, flüssig

Zubereitung:

1. Salat waschen und trockenschleudern. Dann auf zwei Teller verteilen. Senf, Zitronensaft, Honig und Olivenöl mischen.
2. Rote Beete in Stücke schneiden. Am besten zieht man dazu Handschuhe an, weil sich ansonsten die Hände verfärben. Rote Beete neben dem Salat platzieren.
3. Den Ziegenfrischkäse in Scheiben schneiden, kurz in einer Pfanne beidseitig anbraten und auf der roten Beete verteilen. Pinienkerne auf dem Salat verteilen und alles mit dem Dressing beträufeln.

Bohnensalat

Zutaten:

- ✓ 20 g Bündner Fleisch
- ✓ 115 g Bohnen, weiß aus der Dose
- ✓ 1 EL Balsamicoessig
- ✓ ½ Knoblauchzehe
- ✓ ¼ Bund Rucola
- ✓ 5 Salbeiblättchen
- ✓ 5 EL Gemüsebrühe
- ✓ 1 TL Olivenöl

Zubereitung:

1. Bohnen abwaschen und in einem Sieb abtropfen lassen.
2. Knoblauch schälen und fein hacken. Salbei in Streifen schneiden.
3. Salbei und Knoblauch in einer Pfanne mit Öl leicht anbräunen. Essig und Brühe dazu gießen. Bohnen hinzufügen und kurz mitkochen. Dann vom Herd nehmen und 5 Minuten durchziehen lassen.
4. Vom Rucola die Stiele abschneiden, waschen und trocken schütteln. Dann die Blätter kleiner schneiden.
5. Das Bündner Fleisch in Streifen schneiden.
6. Rucola und Fleisch unter die Bohnen mischen und servieren.

Frühlingskräutersalat

Zutaten:

- ✓ 12 Essbare Blüten
- ✓ 2 EL Balsamico Essig, weiß
- ✓ 2 Tomaten
- ✓ 1 EL Orangenlikör
- ✓ 1 Beet Kresse
- ✓ 2 EL Dijon Senf
- ✓ 1 Bund Bärlauch
- ✓ 1 TL Honig
- ✓ 1 Bund Rucola
- ✓ 6 EL Öl
- ✓ 1 kleiner Kopfsalat
- ✓ Salz
- ✓ Pfeffer

Zubereitung:

1. Kopfsalat waschen, trockenschleudern und in Stücke rupfen. Den Bärlauch und den Rucola waschen, trockenschleudern und in Stücke schneiden. Vorher die Stiele entfernen.
2. Blüten ganz vorsichtig abwaschen. Tomaten waschen und in Achtel schneiden.

3. Senf, Honig, Orangenlikör und Essig mischen. Das Öl danach vorsichtig untermischen. Mit Salz und Pfeffer würzen.
4. Rucola, Bärlauch und Kopfsalat mit dem Dressing mischen. In vier Tellern oder Schalen verteilen. Dann die Kresse mit der Schere abschneiden. Tomaten und Kresse auf dem Salat verteilen.

Gurkensalat

Zutaten:

- ✓ 2 EL Sesamöl
- ✓ 1 Salatgurke
- ✓ 1 ½ TL Paprikawürzpaste
- ✓ 125 g Sprossenmischung
- ✓ ½ Zitrone
- ✓ 3 EL Sesam
- ✓ 150 g Joghurt
- ✓ Salz
- ✓ Pfeffer
- ✓ Paprikapulver

Zubereitung:

1. Salatgurke waschen und schälen. Dann in Viertel schneiden und Kerne mit einem kleinen Löffel herauskratzen. In Stücke schneiden.
2. Die Sprossen mit kaltem Wasser abwaschen, abtropfen lassen und zur Gurke mischen.
3. Sesam in eine Pfanne ohne Fett geben, diese erhitzen und die Körner darin erhitzen. Aufpassen, dass sie nicht anbrennen. Abkühlen lassen und über den Salat streuen.

4. Zitrone halbieren und Saft auspressen. Sesamöl. Paprikapulver, Salz, Pfeffer, Zitronensaft und Joghurt mischen. Dressing über dem Salat verteilen.

Hirtensalat

Zutaten:

- ✓ 50 g Oliven, schwarz
- ✓ 500 g Salatgurke
- ✓ 200 g Schafskäse, Feta
- ✓ 500 g Tomaten
- ✓ 4 EL Olivenöl
- ✓ 1 Zwiebel, klein
- ✓ 2 EL Weißwein Essig
- ✓ 1 Chilischote, frisch
- ✓ 1 Bund Petersilie
- ✓ Salz
- ✓ Pfeffer

Zubereitung:

1. Tomaten und Gurken waschen und in Stücke schneiden.
2. Zwiebel schälen, halbieren und in halbe Ringe schneiden.
3. Chilischote der Länge nach aufschneiden, Kerne und Trennwände entnehmen und fein hacken.
4. Petersilie waschen, trocken schütteln und hacken.
5. Öl, Essig, Salz und Pfeffer zu einem Dressing mischen.
6. Feta in Würfel schneiden. Alle Zutaten mischen und zum Schluss die Oliven auf dem Salat verteilen.

Rote Beete Salat mit Walnüssen

Zutaten:

- ✓ 2 EL Orangensaft, frisch gepresst
- ✓ 50 g Blattsalate, als Mischung
- ✓ 1 EL Olivenöl
- ✓ 1 EL Beeren Mix, nach Wahl getrocknet
- ✓ 1 EL Walnüsse
- ✓ 1 kleine rote Beete, vorgegart
- ✓ Kräutersalz

Zubereitung:

1. Blattsalate Mischung waschen und trocken schütteln.
2. Walnüssen klein hacken.
3. Die Rote Beete und die Beeren grob reiben und zum Salat mischen.
4. Den frisch gepressten Orangensaft mit dem Olivenöl mischen, dann mit dem Kräutersalz abschmecken und über dem Salat verteilen.

Sommersalat

Zutaten:

- ✓ 1 EL Öl
- ✓ 100 g grüner Salat
- ✓ 2 EL Zitronensaft
- ✓ 1 Avocado, klein
- ✓ 100 g Joghurt, fettarm
- ✓ 4 Kirschtomaten
- ✓ ¼ Salatgurke
- ✓ Salz
- ✓ Pfeffer

Zubereitung:

1. Salat waschen und trockenschleudern. Dann in Stücke rupfen und bereits auf 2 Tellern anrichten.
2. Die Avocado halbieren, den Kern entnehmen und in Stücke schneiden. Mit dem Zitronensaft beträufeln, denn so wird verhindert, dass sie sich verfärben kann.
3. Die Kirschtomaten, waschen und halbieren und zum Salat geben.
4. Avocado auf dem Salat verteilen.
5. Joghurt mit dem Öl und dem restlichen Zitronensaft mischen. Mit Salz und Pfeffer abschmecken. Dressing auf dem Salat verteilen.

Sprossensalat

Zutaten:

- ✓ 2 EL Reis Essig
- ✓ 200 g Sojasprossen
- ✓ 3 EL Soja Sauce, hell
- ✓ 1 Möhre
- ✓ 1 TL Sesamöl, dunkel
- ✓ 1 Paprikaschote, rot
- ✓ 1 EL Rapsöl

Zubereitung:

1. Sprossen waschen und verlesen.
2. Paprikaschote und Möhre waschen. Möhre schälen und Kerne in der Paprikaschote entfernen. Dann in lange Streifen schneiden.
3. Die beiden Öle mit dem Essig und der Sojasauce mischen.
4. In einem Topf Salzwasser zum Kochen bringen. Möhren nur eine 1 Minute blanchieren. Paprika und Sprossen hinzugeben und noch einmal aufkochen lassen.
5. Dann mit kaltem Wasser abschrecken und abtropfen lassen.
6. Gemüse mit dem Dressing mischen und servieren.

Tomaten-Paprikasalat

Zutaten:

- ✓ 1 Zwiebel, rot
- ✓ 1 Paprika, rot
- ✓ 2 EL Olivenöl
- ✓ 2 EL Weißwein Essig
- ✓ 5 kleine Tomaten
- ✓ Salz
- ✓ Pfeffer

Zubereitung:

1. Paprika waschen, halbieren, Kerne und weiße Trennwände entfernen. Dann in Stücke schneiden.
2. Zwiebel schälen und in Ringe schneiden.
3. Tomaten waschen und in Stücke schneiden.
4. Paprika, Zwiebel und Tomate in eine Schüssel geben.
5. Olivenöl mit dem Weißweinessig mischen. Mit Salz und Pfeffer abschmecken.
6. Dressing vor dem Servieren über dem Salat verteilen. Als Topping kann man noch gehackte Petersilie oder Schnittlauch darüber streuen.

SUPPEN

Alm Suppe

Zutaten:

- ✓ 2 EL Minze, gehackt
- ✓ 1 ½ TL Minze, getrocknet
- ✓ 1 Zwiebel, groß
- ✓ 3 EL Zitronensaft
- ✓ 60 g Butter
- ✓ 1 TL Speisestärke
- ✓ 1 ½ l Fleischbrühe
- ✓ 2 Eier, klein
- ✓ 75 g Reis
- ✓ 350 Joghurt
- ✓ Salz
- ✓ Pfeffer, frisch gemahlen

Zubereitung:

1. Butter in einem Topf erhitzen.
2. Zwiebel schälen, in feine Würfel schneiden und in dem Topf glasig braten.
3. Brühe in den Topf gießen und aufkochen lassen. Dann den Reis hinzufügen und für 30 Minuten zugedeckt mit köcheln lassen.
4. Topf vom Herd nehmen und etwas abkühlen lassen.
5. In einer Schüssel den Joghurt, die Eier und die Stärke mischen. Dann vorsichtig in die Suppe geben.
6. Unter mittlerer Hitze die Suppe wieder erwärmen und ständig rühren bis sie etwas angedickt hat. Sie sollte unter keinen Umständen mehr kochen.
7. Die Suppe mit dem Zitronensaft, Salz und Pfeffer abschmecken.
8. Etwas Butter in einer Pfanne erhitzen und darin die getrocknete Minze anbraten. Dann in die Suppe geben.
9. Vor dem Servieren die Suppe mit den frischen Minze Blättchen bestreuen.

Brokkolisuppe

Zutaten:

- ✓ 150 g Brokkoli
- ✓ 400 ml Gemüsebrühe
- ✓ 1 TL Ghee
- ✓ 1 Zwiebel, klein
- ✓ Salz
- ✓ Pfeffer

Zubereitung:

1. Zwiebel schälen und in Stücke schneiden.
2. Ghee in einen Topf geben und glasig dünsten. Dann mit Gemüsebrühe ablöschen.
3. Den Brokkoli waschen und in Rösschen zerteilen. Dann Brühe aufstellen und den Brokkoli bei mittlerer Hitze für 20 Minuten darin köcheln lassen.
4. Alles mit dem Pürierstab zerkleinern.
5. Mit Salz und Pfeffer abschmecken.

Cremige Möhrensuppe

Zutaten:

- ✓ ½ l Gemüsebrühe
- ✓ 250 g Möhren
- ✓ 250 g Zwiebeln
- ✓ 250 g Süßkartoffeln
- ✓ Salz
- ✓ Pfeffer

Zubereitung:

1. Möhren schälen und in Scheiben schneiden.
2. Topf aufstellen und die Möhren hineingeben. Nach eigenem Geschmack mit Salz und Pfeffer würzen.
3. Süßkartoffeln schälen, in Stücke schneiden und zu den Möhren geben.
4. Zwiebeln schälen, vierteln und hinzufügen.
5. Alles mit der Gemüsebrühe ablöschen und für 20 Minuten bei schwacher Hitze köcheln lassen.
6. Mit dem Pürierstab zerkleinern.

Cremige Wirsingsuppe

Zutaten:

- ✓ 150 ml Kokosmilch
- ✓ 200 g Wirsing
- ✓ 1 EL Curry
- ✓ 3 EL Kichererbsen, aus dem Glas
- ✓ 300 ml Gemüsebrühe
- ✓ Salz

Zubereitung:

1. Wirsing waschen, putzen und den Strunk entfernen. Dann in Stücke schneiden.
2. Die Gemüsebrühe in einen Topf geben und zum Kochen bringen.
3. Den Wirsing und die Kichererbsen hinzugeben.
4. Mit Curry abschmecken und 25 Minuten bei mittlerer Hitze köcheln lassen.
5. Suppe vom Herd nehmen und mit einem Pürierstab pürieren.
6. Dann die Kokosmilch unterrühren und mit Salz abschmecken.

Grießklösschensuppe

Zutaten:

- ✓ 1 l Fleischbrühe
- ✓ 200 ml Milch
- ✓ 100 g Grieß
- ✓ 1 EL Butter
- ✓ 3 Eier
- ✓ Muskat
- ✓ Salz
- ✓ Pfeffer

Zubereitung:

1. Muskat, Salz, Butter und Milch mischen. In einem Topf aufkochen lassen und den Grieß daruntermischen. Alles für 3 Minuten kochen lassen, den Topf vom Herd nehmen und abkühlen lassen.
2. In einem zweiten Topf die Fleischbrühe aufkochen.
3. Die Eier in den abgekühlten Grieß geben und gut mischen. Mit Hilfe von 2 TL kleine Klößchen formen. Diese in die Brühe geben und bei kleiner Hitze nur für 10 Minuten ziehen lassen.

Kürbissuppe mit Lauch

Zutaten:

- ✓ ½ Gemüsebrühwürfel
- ✓ 250 g Hokkaido Kürbisfleisch
- ✓ ½ l Wasser
- ✓ 1 Süßkartoffel
- ✓ 3 EL Olivenöl
- ✓ 1 Stange Lauch, klein
- ✓ Salz
- ✓ Pfeffer

Zubereitung:

1. Den Hokkaido in Würfel schneiden.
2. Die Süßkartoffel schälen und würfeln.
3. Den Lauch waschen und in Streifen schneiden.
4. Olivenöl in einem Topf erhitzen und das gesamte Gemüse hineingeben, um es anzuschwitzen.
5. Mit Wasser aufgießen und den Brühwürfel hinzugeben.
6. Salzen und pfeffern.
7. Suppe für 30 Minuten bei mittlerer Hitze garen. Danach pürieren.

Sauerampfer Suppe

Zutaten:

- ✓ 3 EL Schlagsahne
- ✓ 300 g Kartoffeln, mehlig kochend
- ✓ 150 g Sauerampfer
- ✓ 600 g Lauch
- ✓ 300 g Hackfleisch, gemischt
- ✓ 4 EL Sonnenblumenöl
- ✓ 1,2 l Fleischbrühe
- ✓ 1 Scheibe Toast
- ✓ Salz
- ✓ Pfeffer
- ✓ Muskat
- ✓ 1 Prise Zucker

Zubereitung:

1. Kartoffeln schälen, waschen und in Würfel schneiden.
2. Lauch putzen, waschen und in Ringe schneiden.
3. Öl in einem Topf erhitzen. Lauch und Kartoffeln darin für 2 Minuten andünsten lassen.
4. Gemüse mit der heißen Brühe ablöschen und für 20 Minuten bei mittlerer Hitze köcheln lassen.

5. Toastbrot in einer großen Schüssel mit ein wenig Wasser einweichen. Dann ausdrücken und Wasser wegschütten. In der Schüssel Muskat, Hackfleisch, Salz, Pfeffer und das Toastbrot mischen. Aus der Masse kleine Bällchen formen.
6. Pfanne mit etwas Öl erhitzen und die Bällchen portionsweise darin braten, bis sie von allen Seiten goldbraun sind.
7. Die Suppe vom Herd nehmen und mit einem Pürierstab zerkleinern.
8. Den Sauerampfer waschen und in grobe Stücke hacken.2 EL davon für spätere Verwendung zur Seite stellen.
9. Aus dem Suppentopf 100 ml entnehmen und diese mit dem Sauerampfer mischen. Dann mit dem Pürierstab zerkleinern und in die Suppe mischen. Mit Zucker, Muskat, Salz und Pfeffer abschmecken.
10. Hackbällchen in die Suppe geben und darin wieder erhitzen. Die Suppe in Teller geben und diese dann mit dem zur Seite gestellten Sauerampfer garnieren.

Selleriecremesuppe

Zutaten:

- ✓ 50 g Frischkäse
- ✓ ½ Knollensellerie, ca. 200 g
- ✓ 50 Mais, aus der Dose
- ✓ 1 TL Rapsöl
- ✓ ½ Kästchen Kresse
- ✓ 400 ml Gemüsebrühe
- ✓ Muskat
- ✓ Pfeffer
- ✓ Salz

Zubereitung:

1. Sellerie schälen und in kleine Würfel schneiden.
2. Öl in einem Topf erhitzen, um den Sellerie darin anzubraten.
3. Mit Brühe ablöschen und für 10 Minuten vor sich hin köcheln lassen. Kresse waschen und mit einer Schere abschneiden. Mais mit kaltem Wasser abspülen und abtropfen lassen.
4. Den Frischkäse und die Hälfte der Kresse in die Selleriesuppe geben. Alles mit einem Pürierstab zerkleinern.
5. Cremesuppe mit Muskat, Salz und Pfeffer abschmecken. Vor dem Servieren die restliche Kresseblätter direkt in die Teller mit der Suppe streuen.

Tomatensuppe

Zutaten:

- ✓ 4 Stängel Basilikum, frisch
- ✓ 500 g Tomaten
- ✓ 1 ½ TL Tomatenmark
- ✓ ¼ l Gemüsebrühe
- ✓ ½ EL Ghee
- ✓ 1 Zwiebel
- ✓ 1 Knoblauchzehe
- ✓ Salz
- ✓ Pfeffer

Zubereitung:

1. Tomaten waschen und klein schneiden.
2. Knoblauchzehe und Zwiebel schälen und in Viertel schneiden.
3. Das Ghee in einen Topf geben und glasig dünsten. Dann die Tomatensauce dazugeben und mit Gemüsebrühe für eine Dauer von 20 Minuten bei mittlerer Hitze köcheln lassen.
4. Tomatenmark in die Suppe rühren und alles mit einem Pürierstab zerkleinern.
5. Mit Pfeffer und Salz abschmecken.
6. Basilikumblätter von den Stielen zupfen und vor dem Servieren in die Suppe geben.

SCHWEIN

Schweinebraten in Biersauce

Zutaten:

- ✓ 1 EL Saucenbinder, dunkel
- ✓ 1,5 kg Schweineschulter
- ✓ 450 ml Fleischbrühe
- ✓ 1 TL Kümmel
- ✓ 250 ml Weizenbier
- ✓ 2 Zwiebeln
- ✓ 500 g Suppengemüse
- ✓ 1 EL Zucker Rübensirup
- ✓ 2 EL Rapsöl

Zubereitung:

1. Das Fleisch trocken tupfen und dann von allen Seiten mit dem Kümmel, dem Salz und dem Pfeffer einreiben.
2. Ofen auf 200 Grad vorheizen.
3. Öl in einem Bräter erhitzen und das Fleisch darin von allen Seiten anbraten.

4. Das Fleisch mit der Schwarte nach unten in den Bräter legen und 200 ml Wasser hinzugeben.
5. Den Bräter auf die 2. Schiene von unten geben und für 10 Minuten das Fleisch im Ofen braten. Wenden und für weitere 5 Minuten braten.
6. In der Zwischenzeit das Suppengemüse und die Zwiebel schälen und würfeln.
7. Gemüse nach 15 Minuten zu dem Fleisch in den Bräter geben.
8. Dann 300 ml Brühe und 150 ml Bier dazugeben. Für 1 ½ Stunden weiterbraten. Zwischendurch immer wieder mit dem Bratensud übergießen.
9. Zuckerrübensirup mit dem restlichen Bier mischen und glattrühren. Das Fleisch damit einstreichen und nochmals 10 Minuten garen.
10. Den Braten aus der Brühe nehmen und zur Seite stellen, damit er 5 Minuten ruhen kann.
11. Die Brühe durch ein Tuch passieren. Brühe zurück in den Topf geben und mit dem Saucenbinder andicken.
12. Fleisch in Scheiben schneiden und zusammen mit der Sauce servieren.

Schweinefilet in Blätterteig

Zutaten:

- ✓ 2 EL Sahne
- ✓ 2 Schweinefilets, je 400 g
- ✓ 2 Eigelb
- ✓ 450 g Blätterteig, in Platten TK Ware
- ✓ 1 Knoblauchzehe
- ✓ 500 g Champignons
- ✓ 1 Zwiebel

Zubereitung:

1. Je drei Blätterteigblätter übereinanderlegen, so das ein großes Rechteck entsteht.
2. Filet von allen Seiten mit Pfeffer und Salz würzen.
3. Pilze in kleine Würfel schneiden.
4. Knoblauch und Zwiebel schälen und fein hacken.
5. Pfanne mit Butter aufstellen. Zwiebeln und Knoblauch darin anschwitzen und Pilze dazufügen. Mit Salz und Pfeffer würzen. Wenn Flüssigkeit aus den Pilzen austritt, muss diese weggeschüttet werden.
6. Zuerst die Mischung mit den Pilzen auf dem Blätterteig verteilen. Dann das Filet darauflegen und den Teig einrollen.

7. Den Rand mit etwas Wasser befeuchten und fest zusammendrücken.
8. Backblech mit kaltem Wasser abspülen und Blätterteigrollen mit der Naht nach unten darauflegen.
9. Sahne und Eigelb mischen und die Rollen damit einstreichen.
10. Ofen auf 180 Grad vorheizen. Filet hineingeben und 40 Minuten lang backen.
11. Vor dem Servieren die Rollen in der Mitte schräg durchschneiden.

Schweinefilet mit Selleriesalat

Zutaten:

- ✓ 400 g Schweinefilet
- ✓ 400 g Knollensellerie
- ✓ ½ TL Zucker
- ✓ 2 EL Soja Sauce
- ✓ ½ TL Paprikapulver, edelsüß
- ✓ 3 EL Sahne
- ✓ 1 EL Essig

Zubereitung:

1. Sellerie schälen und grob reiben.
2. Sellerie in eine Schüssel geben. Mit Zucker, Salz, Essig, Sahne, Sojasauce und Pfeffer mischen.
3. Schweinefilet etwas trocken tupfen und in Streifen schneiden.
4. Pfanne mit Öl auf den Herd stellen, erhitzen und das Filet darin scharf von allen Seiten anbraten.
5. Zusammen mit dem Salat servieren.

Schweinemedallions gratiniert

Zutaten:

- ✓ 1 TL Pfefferkörner, grün
- ✓ 1 ½ EL Olivenöl
- ✓ ½ TL Speisestärke
- ✓ 250 g Schweinefilet
- ✓ 2 EL Magermilchpulver
- ✓ 3 Tomaten, klein
- ✓ 70 g Gorgonzola
- ✓ 2 TL Rosmarin Nadeln, frisch
- ✓ Pfeffer
- ✓ Salz

Zubereitung:

1. Eine kleine feuerfeste Form einölen und den Ofen auf 220 Grad vorheizen.
2. Filet trocken tupfen und dann in Scheiben schneiden, die 3 cm dick sind.
3. Tomaten waschen und halbieren. Die Rosmarinnadeln hacken und mit Salz, Pfeffer und Öl mischen.
4. Käse mit einer Gabel klein drücken.
5. Pfefferkörner mit Stärke, Milchpulver und Milch mischen. Alles in die Auflaufform geben.

6. Öl in einer Pfanne erhitzen und die Medaillons von allen Seiten scharf anbraten.
7. Tomaten und Medaillons mit den Schnittflächen nach unten in die Form geben.
8. Den Rosmarin darüber streuen und alles für 15 Minuten im Ofen bei 180 Grad backen.

Schweinemedaillons mit Pflaumen und Gemüse

Zutaten:

- ✓ 1 Schweinefilet
- ✓ 1 TL Kräuter de Provence
- ✓ 2 EL Rapsöl
- ✓ 200 ml Gemüsebrühe
- ✓ 4 Möhren
- ✓ 150 g Softpflaumen
- ✓ 50 g Bacon, in Scheiben
- ✓ Salz
- ✓ Pfeffer

Zubereitung:

1. Schweinefilet trocken tupfen.
2. Sehnen und Fett vom Fleisch abschneiden.
3. Sellerie und Möhren schälen und raspeln.
4. Pflaumen grob hacken.
5. Bacon in Würfel schneiden.
6. Topf auf den Herd stellen und den Bacon bei mittlerer Hitze anbraten. Dann den Sellerie und die Möhren hinzugeben und 2 Minuten mitbraten. Pflaumen hinzufügen.

7. Mit Gemüsebrühe ablöschen und 1 TL Kräuter de Provence dazugeben. Abdecken und für 15 Minuten bei schwacher Hitze köcheln lassen.
8. In der Zwischenzeit eine zweite Pfanne mit Öl aufstellen. Das Filet in Scheiben schneiden und darin von allen Seiten anbraten. Nach 5 Minuten aus der Pfanne nehmen und in Alufolie packen und zur Seite stellen.
9. Vorsichtig den Bratensatz in der Pfanne mit dem Gemüse lösen und die Hitze erhöhen so, dass die gesamte Flüssigkeit verdampft.
10. Mit Salz abschmecken.
11. Gemüse mit den Medaillons servieren.

Schweineröllchen

Zutaten:

- ✓ 4 EL Joghurt
- ✓ 4 dünne Schweineschnitzel
- ✓ 4 Dose Tomaten, geschält
- ✓ 2 TL Senf, scharf
- ✓ 100 ml Rotwein, trocken
- ✓ 1 TL Majoran, getrocknet
- ✓ 2 Zwiebeln
- ✓ 100 g Mettwurst, grob
- ✓ 3 EL zum Anbraten
- ✓ 2 Gewürzgurken
- ✓ Salz
- ✓ Pfeffer

Zubereitung:

1. Schnitzel etwas trocken tupfen und dann gleichmäßig dünn klopfen.
2. Schnitzel mit dem Senf einreiben und dann mit dem Majoran bestreuen. Auf die Enden etwas Mettwurst streichen. Die Gurken der Länge nach in Streifen schneiden und diese dann auf die Mettwurst legen.

3. Schnitzel zu Rouladen aufrollen. Diese kann man dann entweder mit Küchengarn oder Rouladen Nadeln fixieren.
4. Etwas Öl in einer Schmorpfanne erhitzen. Dann die Schnitzel auf mittlerer Hitze von allen Seiten gut anbräunen.
5. Zwiebel schälen, in Würfel schneiden und in die Pfanne geben. Mit Rotwein und Tomaten ablöschen.
6. Schnitzel zudecken und bei schwacher Hitze für 30 Minuten vor sich hin schmoren lassen. Am Schluss noch den Joghurt einfach darüber verteilen.

Schweinesteak mit Champignons

Zutaten:

- ✓ 4 Schweinesteaks
- ✓ 3 Lorbeerblätter
- ✓ 300 g Grillzwiebeln
- ✓ 30 g Butter
- ✓ 250 g Champignons
- ✓ Pfeffer
- ✓ Salz

Zubereitung:

1. Steaks mit etwas Küchenkrepp abtupfen. Etwas flacher klopfen.
2. Zwiebeln schälen und mit kochendem Wasser übergießen.
3. Stiele von den Pilzen entfernen.
4. Abwechseln Zwiebeln und Pilze auf Metallspieße stecken. Grill anheizen. Butter in einer Pfanne mit den Lorbeerblättern schmelzen. Abkühlen lassen.
5. Gemüsespieße mit Salz und Pfeffer würzen.
6. Grillrost mit Öl einreiben. Spieße am Rand platzieren und für die Dauer von 15 Minuten garen. Zwischendurch immer wieder wenden.
7. Steaks mit der Butter bestreichen und in die Mitte des Grilles legen. Dann auf jeder Seite für 4 Minuten braten.

Schweinesülze

Zutaten:

- ✓ 50 ml Weißweinessig
- ✓ 1 kg Schweinebacken
- ✓ 2 TL Salz
- ✓ 1 Möhre
- ✓ 2 Zweige Thymian
- ✓ 1 Zwiebel
- ✓ 1 TL Pfefferkörner
- ✓ 1 Zitrone, Bio
- ✓ 1 TL Piment Körner
- ✓ 10 Wacholderbeeren
- ✓ Lorbeerblätter
- ✓ 1 Nelke

Zubereitung:

1. Das Schweinefleisch abwaschen und dann trocken tupfen.
2. Die Zwiebeln schälen und halbieren. Möhre schälen und in grobe Stücke schneiden.
3. Zitrone mit heißem Wasser abwaschen. Die Schale mit einem Sparschäler in ganz dünne Streifen schneiden. Den Saft auspressen.

4. Einen Schnellkochtopf aufstellen. Darin die Möhre, die Zwiebel, die Gewürze, die Zitronenschale und das Fleisch mit 1 l Wasser erhitzen. Essig und Salz hinzufügen. Deckel verschließen und alles 1 Stunde auf Stufe 1 garen lassen.
5. Topf vom Herd nehmen und zur Seite stellen. 30 Minuten abkühlen lassen.
6. Ein Sieb mit einem Tuch auslegen und die Brühe dadurch abgießen.
7. Knorpel aus dem Fleisch lösen und das starre Fleisch in Stücke schneiden. Dieses in die Brühe geben und in den Kühlschrank stellen.
8. Das Gelee im Topf nochmals Aufkochen. Mit dem Zitronensaft, Essig und Salz abschmecken.
9. Fleisch wieder in die Brühe geben und alles in eine Kastenform gießen. Dann für mindestens 6 Stunden in den Kühlschrank stellen, damit es erstarren kann. Vor dem Servieren auf einen Teller stürzen.

GEFLÜGEL

Gemüsegratin mit Hähnchen

Zutaten:

- ✓ 1 Chilischote, getrocknet
- ✓ 300 g Zucchini
- ✓ 2 EL Oliven, grün ohne Steine
- ✓ 2 Fleischtomaten
- ✓ 1 EL Kapern
- ✓ 4 EL Olivenöl
- ✓ 1 Bund Petersilie
- ✓ 4 Hähnchenbrustfilets, je Stück 180 g

Zubereitung:

1. Zucchini waschen und in dünne Scheiben schneiden.
2. Backofen auf 200 Grad vorheizen.
3. Tomaten waschen und die Stiele entfernen. Dann in dünne Scheiben schneiden.
4. Tomaten und Zucchini schichtweise in eine flache Auflaufform legen. Mit Salz und Pfeffer würzen, sowie mit Olivenöl beträufeln.

5. Hähnchenbrustfilets trocken tupfen und der Länge nach halbieren. Auf dem Gemüse platzieren.
6. Petersilie waschen und fein hacken.
7. Knoblauch schälen und grob zerkleinern.
8. Zitrone mit heißem Wasser abwaschen und Schale abreiben. Saft auspressen.
9. Alle Zutaten mit den Kapern, Chili, Öl und Oliven mischen. Mit einem Pürierstab zerkleinern. Paste auf den Filets verteilen.
10. Für 15 Minuten im Ofen fertig backen.

Geflügelbrust mit Lauchgemüse

Zutaten:

- ✓ 300 ml Geflügelbrühe
- ✓ 150 g Frischkäse, fettarm
- ✓ 70 g Vollkornreis
- ✓ 75 ml Apfelsaft
- ✓ 250 g Lauch
- ✓ 1 EL Rapsöl
- ✓ 300 g Geflügelbrust
- ✓ Salz
- ✓ Pfeffer

Zubereitung:

1. Zuerst 175 ml der Gemüsebrühe in einem Topf zum Kochen bringen. Den Reis hinzufügen, zudecken und bei geringer Hitze für eine Dauer von 35 Minuten quellen lassen. Immer wieder umrühren.
2. Endstück vom Lauch entfernen. Lauch längs aufschneiden und auswaschen. Danach in Streifen schneiden.
3. Öl in einer Pfanne erhitzen. Geflügelbrust halbieren und in der Pfanne beidseitig anbraten. Lauch hinzufügen. Mit 75 ml Gemüsebrühe und Apfelsaft ablöschen.
4. Frischkäse in den Sud einrühren, abdecken und bei geringer Hitze für 15 Minuten garen lassen. Mit Salz und Pfeffer würzen. Dann mit dem Reis servieren.

Geflügelröllchen mit Orangensauce und Möhren

Zutaten:

- ✓ 50 g Butter, kalt
- ✓ 2 Hähnchenbrustfilets, pro Stück 200 g
- ✓ 100 ml Gemüsebrühe
- ✓ 2 Entenbrustfilets, pro Stück 250 g
- ✓ 3 EL Whiskey
- ✓ 500 g Möhren
- ✓ 1 EL Zucker
- ✓ 1 EL Butterschmalz
- ✓ Salz
- ✓ Pfeffer
- ✓ 2 Orangen, Bio

Zubereitung:

1. Entenbrust und Hähnchenbrust in Scheiben schneiden die 1 cm dick sind. Die Scheiben unter eine Küchenfolie legen und plattieren.
2. Je eine der Entenbrustscheiben auf eine Hähnchenfiletscheibe legen. Fest einrollen und mit Küchengarn fixieren.
3. Orangen mit heißem Wasser abwaschen und Schale abreiben. Saft der Orangen auspressen.

4. Möhren schälen und der Länge nach halbieren.
5. Ofen auf 170 Grad vorheizen.
6. Eine Pfanne aufstellen und das Butterschmalz darin erhitzen. Dann die Geflügelröllchen mit Salz und Pfeffer würzen und in der Pfanne von allen Seiten anbraten. Aus der Pfanne nehmen und in eine feuerfeste Form füllen. Dann das Geflügel in den Ofen geben und für weitere 15 Minuten garen.
7. Die Möhren in der Pfanne anbraten und mit dem Zucker bestreuen.
8. Den Bratenansatz in der Pfanne durch das Hinzufügen des Whiskeys lösen.
9. Orangenschale, Orangensaft und Brühe in die Pfanne gießen. Gemüse darin für etwa 7 Minuten garen bis es weich ist.
10. Möhren aus der Pfanne nehmen.
11. Butter, Salz und Pfeffer in die Pfanne geben.
12. Dass Geflügel aus dem Ofen entnehmen und das Garn abschneiden.
13. Röllchen mit der Sauce und dem Geflügel zusammen servieren.

Gemüse-Geflügel-Pfanne

Zutaten:

- ✓ 240 g Hähnchenbrustfilet
- ✓ 100 g Zuckerschoten
- ✓ 300 g Brokkoli
- ✓ 1 EL Schnittlauch-Röllchen
- ✓ 2 Möhren
- ✓ 4 EL Frischkäse, mit Kräutern
- ✓ 2 Kartoffeln, gekocht
- ✓ 1 EL Zitronensaft
- ✓ 1 TL Öl
- ✓ 200 ml Gemüsebrühe
- ✓ 2 Frühlingszwiebeln

Zubereitung:

1. Hähnchenbrust trocken tupfen und in Streifen schneiden. Kartoffeln und Karotten in Würfel schneiden.
2. Zuckerschoten schräg durchschneiden und Frühlingszwiebeln in Ringe schneiden.
3. Topf mit kochendem Salzwasser aufstellen und Zuckerschoten darin einige Minuten blanchieren. Danach mit kaltem Wasser abspülen.

4. Hähnchen in eine Pfanne mit Öl geben und 5 Minuten anbraten.
5. Gemüse in die Pfanne geben und mit Salz sowie Pfeffer würzen.
6. Brühe in die Pfanne gießen, Gemüse hinzugeben. Zitronensaft, Frischkäse und wenn notwendig Saucenbinder einrühren.
7. Am Schluss mit den Schnittlauchröllchen bestreuen.

Hähnchen im Heu

Zutaten:

- ✓ 100 g Alpen-Wiesenheu
- ✓ 2 Brathähnchen, je Stück 800 g
- ✓ 35 g Butter
- ✓ 2 Stängel Basilikum
- ✓ Pfeffer
- ✓ Salz

Zubereitung:

1. Hähnchen mit kaltem Wasser abwaschen und dann vorsichtig trocken tupfen.
2. Die Hähnchen mit einer Geflügelschere in 2 Hälften schneiden. Die Basilikumblätter unter die Haut schieben.
3. Ofen auf 220 Grad vorheizen.
4. Alufolie auf einem Backblech auslegen und darauf das Heu verteilen.
5. Hähnchen auf dem Heu platzieren.
6. In einer Pfanne die Butter schmelzen und mit Cayennepfeffer mischen. Die Hähnchen damit einreiben.
7. Ofen auf 180 Grad stellen und Hähnchen für 40 Minuten darin garen.

Hähnchen mit Bärlauch Gemüse

Zutaten:

- ✓ 1 Beutel Mozzarella
- ✓ 2 Hähnchenschnitzel, je Stück 125 g
- ✓ 20 g Butter
- ✓ 1 Bund Sauerampfer
- ✓ 1 Bund Frühlingszwiebeln
- ✓ 1 Bund Bärlauch
- ✓ Pfeffer
- ✓ Paprikapulver, edelsüß
- ✓ Salz

Zubereitung:

1. Hähnchenschnitzel mit kaltem Wasser abspülen und vorsichtig trocken tupfen. Mit dem Paprikapulver, Salz und Pfeffer gut einreiben.
2. Butter in einer Pfanne erhitzen und das Hähnchen darin von allen Seiten anbraten. Hitze verringern und 5 weitere Minuten garen. Bärlauch und Sauerampfer waschen, trocken schütteln und grob hacken.
3. Der Pfanne die Schnitzel entnehmen. Stattdessen Bärlauch und Frühlingszwiebeln in die Pfanne geben und kurze Zeit leicht andünsten.

4. Mozzarella nach dem Abtropfen in Würfel schneiden und mit in die Pfanne geben. Vor dem Servieren die Schnitzel zum Erwärmen wieder in die Pfanne geben.

Hähnchen mit Erbsenschoten und Paprika

Zutaten:

- ✓ 3 EL Ghee
- ✓ 250 g Hähnchenbrustfilet
- ✓ 50 g Erbsenschoten
- ✓ ½ TL Rosmarin, getrocknet
- ✓ Salz
- ✓ Pfeffer

Zubereitung:

1. Hähnchenfilet mit kaltem Wasser abspülen und trocken tupfen. Dann in mundgerechte Stücke schneiden.
2. Pfanne aufstellen und 1 EL Ghee zusammen mit dem Fleisch für 5-6 Minuten anbraten. Zwischendurch immer wenden und mit Salz sowie Pfeffer würzen.
3. Paprikaschote halbieren, Kerne entfernen und in Stücke schneiden.
4. Zusammen mit den Erbsenschoten, dem Rosmarin und dem Ghee in die Pfanne zu dem Hähnchen geben.

Hähnchen mit gebratenem Rosenkohl

Zutaten:

- ✓ 1 TL Ghee
- ✓ 1/2 TL Sambal Oelek
- ✓ 500 g Rosenkohl
- ✓ 250 g Hähnchenbrustfilet
- ✓ 15 g Ingwer, frisch
- ✓ 1 Prise Zimt
- ✓ 1 Prise Muskat

Zubereitung:

1. Rosenkohl putzen, waschen und in einen Topf mit Salzwasser geben. Für 15 Minuten auf kleiner Stufe köcheln.
2. Zwiebel schälen und in Scheiben schneiden.
3. Ingwer schälen und in feine Würfel schneiden.
4. Das Hähnchenbrustfilet waschen, trocken tupfen und in schmale Streifen schneiden.
5. In einer Pfanne 1 EL Ghee erhitzen. Rosenkohl, Ingwer, Zwiebeln und Fleisch hinzufügen.
6. Salzen und pfeffern. 5 Minuten weiterbraten lassen.
7. Am Schluss mit Muskat, Zimt und Sambal Oelek abschmecken.

Hähnchen mit Kartoffeln

Zutaten:

- ✓ 150 g Oliven, schwarz
- ✓ 4 Hähnchenschenkel
- ✓ 250 ml Weißwein, trocken
- ✓ 4 TL Fenchelsamen
- ✓ Saft einer Zitrone
- ✓ 4 Zweige Rosmarin
- ✓ 4 Zweige Salbei
- ✓ 600 g Frühkartoffeln
- ✓ 6 EL Öl
- ✓ Salz

Zubereitung:

1. Hähnchenschenkel mit kaltem Wasser abspülen und trocken tupfen.
2. Fenchelsamen in einem Mörser zerstoßen, Zitronensaft auf das Hähnchen träufeln und mit dem Fenchel bestreuen. Dann 1 Minute kaltstellen, damit es durchziehen kann.
3. Kartoffeln waschen und Ofen vorheizen.
4. Kartoffeln in 1 cm dicke in Scheiben schneiden. In eine feuerfeste Form geben.
5. 2 TL Salz mit Öl mischen. Salbei und Rosmarin fein hacken.

6. Hälfte der Kräuter Ölmischung auf die Kartoffeln geben. Diese zudecken und im Ofen für 20 Minuten garen lassen.
7. Form aus dem Ofen nehmen und dann die Hähnchenschenkel mit der Hautseite nach unten mit hineinlegen. Wein und Oliven dazugeben.
8. Wieder in den Ofen geben und weitere 25 Minuten lang garen. Zwischendurch die Hähnchenschenkel wenden.

Hähnchenflügel pikant

Zutaten:

- ✓ 200 g saure Sahne
- ✓ 1,2 kg Hähnchenflügel
- ✓ 2 EL Worcestersauce
- ✓ 1 Zwiebeln groß
- ✓ 2 EL Rotweinessig
- ✓ 150 ml Ketchup, scharf
- ✓ 2 Knoblauchzehen
- ✓ 1 EL Tomatenmark
- ✓ 1 EL Gewürzmischung, Chili con Carne
- ✓ 150 ml Rotwein
- ✓ Je ½ TL Oregano und Thymian, getrocknet

Zubereitung:

1. Hähnchenflügel unter kaltem Wasser abwaschen. Dann mit Küchenkrepp trocken tupfen.
2. Knoblauch und Zwiebel schälen und in Würfel schneiden.
3. Die Mischung mit Öl in eine Pfanne geben und schwach erhitzen.
4. Zucker, Kräuter und Gewürzmischung in die Pfanne geben. Dann mit Essig, Tomatenmark, Wein, Ketchup und Worcestersauce mischen.

5. Backofen vorheizen.
6. Ein Viertel der Sauce auf das Geflügel streichen.
7. Grillrost mit Öl einreiben. Flügel auf den Rost geben und bei mittlerer Hitze für 25 Minuten garen. Zwischendurch umdrehen und neu bestreichen.
8. Eine Prise Salz zu der sauren Sahne geben und gut rühren.
9. Die restliche Sauce zu den Hähnchen gießen und beim Servieren mit einem Klecks Sahne dekorieren.

Pfiffiges Filet

Zutaten:

- ✓ 1 EL Olivenöl
- ✓ 250 g Puten -oder Hähnchenbrustfilet
- ✓ 2 Zitronen, Bio
- ✓ 2 Paprika
- ✓ 60 g Parmesan, gerieben
- ✓ 2 Zwiebeln
- ✓ 4 Möhren
- ✓ Salz
- ✓ Pfeffer

Zubereitung:

1. Filet waschen, trocken tupfen und mit Pfeffer würzen. Paprika waschen, halbieren, Kerne entfernen und in Streifen schneiden.
2. Möhren schälen und in grobe Stifte schneiden. Zwiebeln schälen und in Stücke schneiden.
3. Gemüse in eine feuerfeste Form geben und mit der Hälfte des Parmesans bestreuen.
4. Schnitzel auf das Gemüse legen und restliches Gemüse darauf platzieren.

5. Olivenöl darüber geben und im Ofen für 30 Minuten backen. Erst beim Servieren die Zitronenscheiben dazu reichen und den restlichen Parmesan darüber streuen.

Putenschnitzel überbacken mit Blumenkohlreis

Zutaten:

- ✓ 2 Putenschnitzel
- ✓ 250 g Camembert
- ✓ 2 EL Ghee
- ✓ 2 EL Mandel-Stifte
- ✓ 1 Blumenkohl, klein
- ✓ Salz
- ✓ Pfeffer

Zubereitung:

1. Putenschnitzel mit kaltem Wasser abspülen und trocken tupfen.
2. Pfanne erhitzen und 1 EL Ghee hineingeben. Dann die Schnitzel hinzufügen und beidseitig scharf anbraten.
3. Camembert in Scheiben schneiden.
4. Schnitzel in eine feuerfeste Form geben und mit dem Camembert belegen. Dann für 10 Minuten bei 220 Grad im Ofen backen.

5. Pfanne ohne Fett aufstellen und die Mandelstifte darin anrösten. Diese werden am Schluss über die fertigen Schnitzel gestreut.
6. Den Blumenkohl putzen, indem man die Blätter und den Strunk entfernt. Dann in Stücke zerteilen. Küchenmaschine benutzen, um den Blumenkohl so zu zerkleinern, dass er die Größe von Reis haben wird.
7. Pfanne aufstellen und einen 1 EL Ghee sowie Blumenkohl hineinfüllen. Dann unter Hitze anbraten und mit Salz sowie Pfeffer würzen. 5 Minuten weiterbraten und zwischendurch rühren.
8. Schnitzel mit dem Blumenkohlreis servieren.

Putenstreifen mit Aprikosen und Kichererbsen

Zutaten:

- ✓ ½ TL Kreuzkümmel
- ✓ 300 g Putenschnitzel
- ✓ 1 Dose Tomaten, klein
- ✓ 2 EL Ghee
- ✓ 1 Knoblauchzehe
- ✓ ½ Dose Kichererbsen
- ✓ 1 Zwiebel
- ✓ 80 Aprikosen, getrocknet
- ✓ 1 Prise Zimt
- ✓ Salz
- ✓ Pfeffer

Zubereitung:

1. Putenschnitzel abwaschen und trocken tupfen. In Stücke schneiden.
2. Pfanne mit 1 EL Ghee erhitzen. Fleisch darin 4 Minuten braten und ständig wenden. Salzen und pfeffern.
3. Kichererbsen abschütten.

4. Zwiebel schälen und in Streifen schneiden.
5. Knoblauchzehe schälen und fein hacken. Aprikosen halbieren.
6. In einer Pfanne 1 EL Ghee erhitzen und Tomaten, Kichererbsen und Aprikosen dazu geben.
7. Danach mit Kreuzkümmel, einer Prise Zimt, Salz und Pfeffer abschmecken. Das Fleisch hinzufügen und alles noch einmal erhitzen.

FISCH

Dorsch mit Wintergemüse

Zutaten:

- ✓ 250 g Wirsing
- ✓ 1/16 l Wasser
- ✓ 1 kleines Glas Kichererbsen
- ✓ 1 Fenchelknolle, klein
- ✓ 1 Stange Porree, klein
- ✓ 2 EL Ghee
- ✓ 350 g Dorsch
- ✓ ½ Zitrone, Bio
- ✓ ½ EL Öl
- ✓ Chiliflocken
- ✓ Salz

Zubereitung:

1. Kichererbsen durch ein Sieb abtropfen lassen.
2. Porree und Fenchelknolle putzen und in Streifen schneiden. Wirsing putzen und in Stücke schneiden.

3. Zitrone heiß abwaschen, Schale abreiben und Saft auspressen
4. Dorsch mit kaltem Wasser abspülen und in eine feuerfeste Form mit etwas Öl legen. Mit Zitronenschale, Chili und Salz würzen. Für 15 Minuten bei 200 Grad im Ofen garen.
5. In der Zwischenzeit Ghee in einer Pfanne erhitzen und das gesamte Gemüse darin andünsten.
6. Zitronensaft, Wasser, Chili und Salz dazugeben und 5 Minuten dünsten.
7. Gemüse mit dem Fisch servieren.

Fenchelfisch

Zutaten:

- ✓ 4 Zitronenscheiben
- ✓ 400 g Petersilienwurzel
- ✓ 4 Zanderfilets mit Haut
- ✓ 1 Knoblauchzehe
- ✓ 1 Zitrone, Bio
- ✓ 100 g Schmand
- ✓ 1 Knoblauchzehe
- ✓ ½ TL Fenchelsamen
- ✓ 4 EL Olivenöl
- ✓ Salz
- ✓ Pfeffer

Zubereitung:

1. Knoblauch schälen und fein hacken. Petersilienwurzel waschen schälen und würfeln. Zwiebel schälen und hacken. Zitrone mit heißem Wasser abspülen, Schale abreiben und Saft auspressen.

2. In eine Topf 2 EL Öl erhitzen. Knoblauch, Petersilienwurzel und Zwiebel darin glasig dünsten. Schmand, Zitronenschale, 150 ml Wasser, Salz und Pfeffer hinzufügen. Zudecken und bei kleiner Hitze für 15 Minuten garen lassen. Danach mit einem Pürierstab zerkleinern.
3. Fischfilets mit kaltem Wasser abspülen und trocken tupfen. 2 EL Öl in einer Pfanne erhitzen und darin für 2 Minuten den Fisch anbraten. Zwischendurch wenden und nochmals 2 Minuten braten.
4. Fisch mit der Sauce zusammen servieren.

Fisch in Blätterteig

Zutaten:

- ✓ 450 g TK Blätterteig
- ✓ 1 kg Fischfilet, nach Wahl
- ✓ 2 EL Milch
- ✓ 1 Ei
- ✓ 1 Bund Dill
- ✓ 1 Zucchino
- ✓ 100 ml Sahne, kalt
- ✓ Saft einer Zitrone
- ✓ Salz
- ✓ Weißer Pfeffer

Zubereitung:

1. Fisch waschen und trocken tupfen. Dann in Filets von 100 g schneiden. Reste des Fisches in eine Schüssel geben und kühl stellen.
2. Dill fein hacken. Zusammen mit den Fischresten in einen Mixer geben. Das Ei trennen und das Eigelb erst einmal zur Seite stellen. Eiweiß zur Fischmasse mischen. Langsam die kalte Sahne zugeben und weitermischen. Salzen und pfeffern. Dann kaltstellen.

3. Zucchini waschen und der Länge nach in feine Streifen schneiden. Mit Salz und Pfeffer würzen.
4. Blätterteig nebeneinanderlegen.
5. Fischfilets mit Zitronensaft beträufeln und salzen. Dann je 3 Zucchinischeiben zusammenlegen und den Fisch darauf geben. Mit der Fischmischung bestreichen und 1 zweites Filet darauflegen. In den Zucchinischeiben einrollen.
6. Backofen auf 200 Grad vorheizen.
7. Zucchini Päckchen auf den Blätterteig legen und den Blätterteig zusammendrücken.
8. Backblech mit Backpapier auslegen und die Päckchen darauflegen. Ei und Milch mischen und den Fisch damit bestreichen. Dann für 25 Minuten im Ofen backen.

Fischfrikadellen

Zutaten:

- ✓ 50 g Butterschmalz
- ✓ 400 g Seelachsfilet
- ✓ 3 Zweige Rosmarin
- ✓ 1 Bund Dill
- ✓ 4 EL Olivenöl
- ✓ 1 Bund Schnittlauch
- ✓ 1 Salatgurke, klein
- ✓ 2 EL Balsamico Essig
- ✓ 3 EL Semmelbrösel
- ✓ 80 g Rucola
- ✓ 12 Kirschtomaten
- ✓ 1 Eiweiß
- ✓ 1 Limette, Bio
- ✓ Salz
- ✓ Pfeffer

Zubereitung:

1. Fisch mit kaltem Wasser abspülen und trocken tupfen. In Würfel schneiden.
2. Schnittlauch und Dill waschen, trocken schütteln und fein hacken.
3. Limette mit heißem Wasser abspülen. Schale abreiben und Saft auspressen.
4. Semmelbrösel, Eiweiß, Dill, Schnittlauch und Fisch gut mischen. Salzen und pfeffern. Limettenschale und Saft hinzufügen und nochmals mischen. Dann für 10 Minuten durchziehen lassen.
5. Tomaten waschen und halbieren. Gurke schälen und in Scheiben schneiden, Rucola waschen und trockenschleudern. Öl, Essig, Salz und Pfeffer mischen. Dressing zum Salat geben und gut mischen.
6. Aus der Fischmasse Frikadellen formen. Rosmarin waschen. Butterschmalz in einer Pfanne erhitzen, Frikadellen darin ausbacken und Rosmarin einfach mit in die Pfanne legen. Bei mittlerer Hitze für 6 Minuten backen.
7. Frikadellen mit dem Salat anrichten.

Fischpuffer

Zutaten:

- ✓ 50 g Magerquark
- ✓ 1 Möhre
- ✓ 2 EL Zitronensaft
- ✓ 4 EL Haferflocken
- ✓ 1 Frühlingszwiebel
- ✓ 200 g Fischfilet, nach Wahl
- ✓ 3 EL Öl
- ✓ Salz
- ✓ Pfeffer

Zubereitung:

1. Zwiebel putzen und in Ringe schneiden.
2. Möhre waschen, schälen und raspeln.
3. Fisch unter kaltem Wasser abspülen und trocken tupfen. Mit Zitronensaft beträufeln. Mit Salz und Pfeffer würzen. Fisch klein hacken. Mit dem Gemüse und Quark mischen.
4. Auf einen Teller die Haferflocken geben. Kleine Bällchen aus dem Fisch formen und in den Haferflocken wenden.
5. Öl in einer Pfanne erhitzen und die Bällchen portionsweise für 5 Minuten darin ausbacken.

Fischröllchen

Zutaten:

- ✓ 4 EL Zitronensaft
- ✓ 8 dünne Scheiben Fisch
- ✓ 4 Sardinen, in Öl eingelegt
- ✓ 4 Zweige Oregano
- ✓ 2 Knoblauchzehen
- ✓ 4 Lorbeerblätter
- ✓ 5 EL Olivenöl
- ✓ 125 g Mozzarella
- ✓ 2 EL Semmelbrösel
- ✓ 1 Bund Petersilie
- ✓ 1 Zwiebel
- ✓ Salz
- ✓ Pfeffer
- ✓ 2 EL Grappa

Zubereitung:

1. Erst 2 Fischscheiben in Würfel schneiden. Sardellen klein schneiden.
2. Knoblauch und Zwiebel schälen und fein hacken.

3. In einer Pfanne 2 EL Öl erhitzen. Knoblauch und Zwiebel darin erhitzen. Die Sardellen und den Fisch hinzugeben und kurz mitkochen. Semmelbrösel und Grappa hinzufügen Etwas salzen und pfeffern. Dann in eine Schüssel umfüllen.
4. Restliche Fischscheiben der Länge nach durchschneiden. Dann die Fischmischung darauf verteilen. Den Mozzarella abtropfen lassen, in ganz dünne Scheiben schneiden und auf den Fisch legen. Mit Pfeffer würzen.
5. Fisch zusammenrollen und in eine feuerfeste, leicht geölte Form geben.
6. Backofen auf 200 Grad vorheizen.
7. Alle Kräuter waschen, trocken schütteln und fein hacken. Mit dem restlichen Öl und Zitronensaft mischen. Gut durchrühre und über den Fisch gießen.
8. Feuerfeste Form auf die mittlere Schiene im Ofen stellen und 20 Minuten backen lassen.

Fischstäbchen selbst gemacht

Zutaten:

- ✓ 90 g Butter
- ✓ 800 g Seelachsfilet
- ✓ 1 TL Chili Flocken
- ✓ 4 EL Zitronensaft
- ✓ 100 g Cornflakes
- ✓ 6 EL Paniermehl
- ✓ 8 EL Mehl
- ✓ 2 Eier
- ✓ Salz
- ✓ Pfeffer

Zubereitung:

1. Fisch mit kaltem Wasser abspülen und trocken tupfen. In Form von Fischstäbchen schneiden.
2. Auf einen Teller Mehl geben, auf dem Zweiten verquirltes Ei und auf das dritte Teller Cornflakes, Paniermehl und Chili mischen.
3. Fisch in Mehl, Ei und den Cornflakes wenden.
4. Butter in einer Pfanne zerlassen und die Fischstäbchen nach und nach darin ausbacken. Auf Küchenkrepp abtropfen lassen.

Thunfisch Muffins

Zutaten:

- ✓ Paprikapulver, edelsüß
- ✓ 1 Dose Thunfisch, im eigenen Saft
- ✓ 1 EL Frischkäse
- ✓ 50 g Gouda
- ✓ 2 Eier
- ✓ ½ Zucchini
- ✓ 1 Bund Dill
- ✓ 1 Zwiebel
- ✓ 1 Paprikaschote, rot
- ✓ Butter
- ✓ Salz
- ✓ Pfeffer

Zubereitung:

1. Backofen auf 200 Grad vorheizen. Muffin Form gut einfetten und in den Kühlschrank stellen.
2. Gouda grob raspeln und Thunfisch abtropfen lassen.
3. Zucchini halbieren und Kerne herauskratzen. Dann in feine Würfel schneiden. Paprika waschen, halbieren und Kerne entfernen. Danach würfeln.

4. Zwiebel schälen und würfeln. Dill waschen und fein hacken.
5. Thunfisch mit einer Gabel zerkleinern und mit allen anderen Zutaten mischen. Ei und Frischkäse untermischen.
6. Masse in die Muffinförmchen füllen und im Backofen 30 Minuten lang backen.

Thunfischsalat mit gebackenen Süßkartoffeln

Zutaten:

- ✓ Saft ½ Limette
- ✓ 2 Süßkartoffeln, je 300 g
- ✓ 3 EL Öl
- ✓ 1 Dose Thunfisch, in Öl
- ✓ 2 Stiele Koriander
- ✓ 1 Zwiebel
- ✓ 1 Chilischote, klein
- ✓ Salz
- ✓ Pfeffer

Zubereitung:

1. Süßkartoffeln waschen, schälen und der Länge nach halbieren. Dann die Schnittstelle mit Öl einreiben. Mit Salz und Pfeffer würzen.
2. Backblech mit Backpapier auslegen. Kartoffeln mit der Schnittfläche nach oben darauflegen und für 30-40 Minuten bei 175 Grad im Ofen backen.
3. In der Zwischenzeit Thunfisch abtropfen lassen. Zwiebel schälen und würfeln. Koriander fein hacken.

4. Chilischote der Länge nach aufschneiden und hacken. Limettensaft, Thunfisch, Öl, Koriander und Zwiebel mischen. Mit Salz und Pfeffer abschmecken. Salat zum Fisch servieren.

HACKFLEISCH

Gefüllte Paprikaschoten mit Reis

Zutaten:

- ✓ 500 g Tomaten, passiert
- ✓ 70 g Reis
- ✓ ¼ l Gemüsebrühe
- ✓ 4 Paprikaschoten
- ✓ 1 Zweig Rosmarin
- ✓ 1 Knoblauchzehe
- ✓ 2 EL Tomatenmark
- ✓ 2 Zwiebeln
- ✓ 500 g Hackfleisch, gemischt
- ✓ 1 Ei
- ✓ 1 Bund Petersilie
- ✓ Zucker
- ✓ Salz
- ✓ Pfeffer

Zubereitung:

1. Reis nach Anleitung garen, so dass er noch bissfest ist.
2. In einem Sieb abtropfen lassen, mit kaltem Wasser abspülen.
3. Ofen auf 180 Grad vorheizen.
4. Paprikaschoten halbieren. Deckel, Stiel entfernen und Kerne entnehmen.
5. Zwiebel und Knoblauch schälen und fein hacken.
6. Petersilie abwaschen und trocken schütteln. Dann hacken.
7. 1 EL Tomatenmark, Ei, 1 Zwiebel, Knoblauch und Hackfleisch mischen.
8. Die zweite Zwiebel mit Rosmarin, Salz, Pfeffer, passierten Tomaten und Brühe in einem Topf aufkochen.
9. Flüssigkeit in einen Bräter geben und Schoten mit Hackfleisch füllen. Diese in den Bräter stellen, zudecken und 1 Stunde bei 160 Grad garen.
10. Den Paprikadeckel 20 Minuten vor Ende der Garzeit aufsetzen. Dazu den Reis servieren.

Hackbällchen mit Tomatensauce

Zutaten:

- ✓ 100 ml Rotwein
- ✓ 1 Frühlingszwiebel
- ✓ 500 g Tomaten, passiert
- ✓ 1 EL Ghee
- ✓ 1 EL Öl
- ✓ 1 EL Tomatenmark
- ✓ 1 Knoblauchzehe
- ✓ 1 Zwiebel
- ✓ 1 Ei
- ✓ 300 Hackfleisch, gemischt
- ✓ 2 EL Mandeln, gemahlen
- ✓ 1 TL Paprikapulver edelsüß
- ✓ 2 EL Semmelbrösel
- ✓ 1 TL Oregano, getrocknet
- ✓ Cayennepfeffer
- ✓ Salz

Zubereitung:

1. Zwiebel und Knoblauchzehe schälen und fein hacken.
2. In einer Pfanne 1 EL Ghee zerlassen. Etwas abkühlen lassen.
3. Ei mit dem Hackfleisch mischen. Oregano, Paprikapulver, Mandeln, Semmelbrösel, Salz und Pfeffer zum Hackfleisch geben und gut mischen. In das zerlassene Ghee geben und von allen Seiten gut anbraten.
4. Frühlingszwiebel waschen und in Ringe schneiden. In Öl anbraten und Tomatenmark, sowie passierte Tomaten hinzufügen. Mit Salz und Cayennepfeffer abschmecken.
5. Für 15 Minuten köcheln lassen. Vor dem Servieren Hackbällchen zum Erwärmen kurz mit in die Sauce geben.

Hackfleisch- Kohlrabi Auflauf

Zutaten:

- ✓ 100 g Käse, gerieben
- ✓ 300 g Knollensellerie
- ✓ 250 ml Milch
- ✓ 500 g Kohlrabi
- ✓ 2 Eier
- ✓ 1 EL Tatar
- ✓ 350 g Hackfleisch, gemischt
- ✓ 1 EL Oregano, getrocknet
- ✓ Muskat
- ✓ Pfeffer
- ✓ Salz

Zubereitung:

1. Salzwasser in einem großen Topf zum Kochen bringen. Kohlrabi und Sellerie schälen und in ½ cm dicke Scheiben schneiden. Das Gemüse in den Topf geben, 3 Minuten kochen lassen und dann durch ein Sieb abgießen.
2. Öl in einer Pfanne erhitzen und Hackfleisch solange braten, bis es krümelig ist. Oregano untermischen. Mit Salz und Pfeffer würzen.

3. Ofen auf 180 Grad vorheizen.
4. Milch, Eier, Muskat, Salz und Pfeffer mischen.
5. Feuerfeste Form leicht einfetten. Dann Gemüse abwechselnd mit dem Hackfleisch in die Form schichten und mit 75 g Käse bedeckt. Eiermischung darüber gießen und mit dem restlichen Käse bestreuen.
6. Im Ofen 30 Minuten bei 160 Grad backen.

Hackfleischtaschen

Zutaten:

- ✓ 1 EL Milch
- ✓ 6 Scheiben Blätterteig, TK Ware
- ✓ 1 Eigelb
- ✓ 3 Frühlingszwiebeln
- ✓ ½ TL Salz
- ✓ 1 Knoblauchzehe
- ✓ 1 TL Kreuzkümmel, gemahlen
- ✓ 4 Soft Aprikosen
- ✓ ½ TL Chili
- ✓ 6 Walnusshälften
- ✓ 300 g Rinderhackfleisch

Zubereitung:

1. Blätterteig auftauen lassen. Mit einem Messer halbieren.
2. Soft Aprikosen und Walnüsse fein würfeln.
3. Frühlingszwiebeln putzen und in Ringe schneiden.
4. Hackfleisch mit den Aprikosen, den Nüssen, Chili, Salz und Kümmel mischen.
5. Ofen auf 200 Grad vorheizen.
6. Backpapier auf Backblech auslegen.

7. Hackfleisch in kleine Bällchen formen und diese auf den Blätterteig legen. Dann die Ecken einschlagen und die Ränder mit einer Gabel zusammendrücken.
8. Taschen auf das Backblech legen.
9. Milch mit dem Ei mischen und Taschen damit einstreichen.
10. Bei Umluft im Ofen für 20 Minuten backen.

Lasagne mit Hackfleisch

Zutaten:

- ✓ 1 Stange Staudensellerie
- ✓ 1 Zwiebel
- ✓ 2 EL Mehl
- ✓ 1 Knoblauchzehe
- ✓ 250 g Lasagne Blätter
- ✓ 1 Möhre
- ✓ 1 EL Tomatenmark
- ✓ 400 g Hackfleisch, gemischt
- ✓ 4 EL Olivenöl
- ✓ 100 g Parmesan
- ✓ 1 Dose Tomaten, stückig 800 g
- ✓ 500 ml Milch
- ✓ 50 g Butter

Zubereitung:

1. Knoblauch schälen und halbieren. Zwiebel schälen und fein hacken. Möhre schälen und grob reiben. Sellerie waschen und in ganz feine Würfel schneiden.

2. In einem Schmortopf 3 EL Öl auf mittlerer Stufe erhitzen. Das Hackfleisch hineingeben und unter Rühren für 4 Minuten braten. Tomatenmark, Zwiebel und Knoblauch hinzugeben und 2 Minuten weiterbraten. Sellerie und Möhre dazugeben und 10 Minuten köcheln. Salzen und pfeffern.
3. Butter und Milch in einem Topf erhitzen. Wenn die Butter geschmolzen ist, das Mehl unterrühren und 3 Minuten rühren. Den Parmesan reiben. Hälfte davon in die Sauce rühren. Salzen und pfeffern.
4. Backofen auf 200 Grad vorheizen.
5. Eine feuerfeste Form mit Öl einstreichen und eine Lage Lasagne Blätter hineinlegen. Dann eine Lage Hackfleisch darauf geben. 2- 3 EL Bechamel-Sauce darauf verteilen. Vorgang wiederholen bis alle Zutaten aufgebraucht sind. Die letzte Schicht sind Nudeln, die mit Bechamel-Sauce bedeckt sind, damit die Lasagne nicht austrocknen kann. Am Schluss den restlichen Parmesan drüberstreuen.
6. Im Ofen für 30 Minuten backen. Dann dem Ofen entnehmen und noch 10 Minuten ruhen lassen, bevor sie serviert werden kann.

Avocado Creme

Zutaten:

- ✓ ½ Bund Petersilie
- ✓ 2 Avocados, reif
- ✓ 1 Knoblauchzehe
- ✓ Saft einer Zitrone
- ✓ Pfeffer
- ✓ Salz

Zubereitung:

1. Avocados halbieren, Kern entfernen und mit einem Löffel das Fruchtfleisch herauslösen. Mit dem Zitronensaft beträufeln.
2. Knoblauch schälen und hacken.
3. Petersilie waschen, trocken schütteln und fein hacken. Alle Zutaten in einen Mixer geben und mischen.
4. Am Schluss mit Salz und Pfeffer abschmecken.

Erbsenpüree

Zutaten:

- ✓ 1 EL Creme fraiche
- ✓ 1 Zwiebel
- ✓ 1 Bund Petersilie
- ✓ 1 Knoblauchzehe
- ✓ 4 EL Gemüsebrühe
- ✓ 300 g Erbsen, TK Ware
- ✓ 1 EL Ghee
- ✓ Muskat
- ✓ Salz
- ✓ Pfeffer

Zubereitung:

1. Zwiebel und Knoblauchzehe schälen und in feine Würfel schneiden.
2. Ghee in einer Pfanne andünsten und die Erbsen dazugeben. Ständig rühren.
3. Mit Gemüsebrühe ablöschen und 10 Minuten garen.
4. Petersilie waschen, trocken schütteln und fein hacken. Mit dem Creme fraiche zu den Erbsen geben und alles pürieren. Mit Salz, Pfeffer und Muskat abschmecken.

Gebratener Blumenkohl mit Feta

Zutaten:

- ✓ 2 Stiele Minze
- ✓ 200 g Blumenkohl
- ✓ 60 g Feta
- ✓ 4 Scheiben Parmaschinken
- ✓ 25 g Cashewkerne
- ✓ 2 EL Ghee
- ✓ Salz
- ✓ Pfeffer

Zubereitung:

1. Vom Blumenkohl die Rösschen abtrennen. Dann in Scheiben schneiden.
2. Das Ghee mit dem Blumenkohl in einer Pfanne erhitzen und 2 Minuten langsam anbraten. Die Cashewkerne hinzufügen und mitbraten. Mit 50 ml Wasser ablöschen und Gemüse h so garen, dass es noch bissfest ist.
3. Feta in Stücke zerbröseln und den Parmaschinken klein schneiden. Mit Salz und Pfeffer würzen. In die Pfanne geben und mitgaren.
4. Minze in Stücke hacken und über den Blumenkohl streuen.

Rote Beete Dip

Zutaten:

- ✓ 3 EL Cashewkerne
- ✓ ½ Rote Beete, vorgegart
- ✓ Kokosmilch
- ✓ ½ Apfelsine
- ✓ Zimt
- ✓ Salz
- ✓ Pfeffer

Zubereitung:

1. Apfelsine auspressen. Zusammen mit der Rote Beete und den Nüssen in eine Schüssel geben und pürieren.
2. Kokosmilch unterrühren und mit Zimt, Salz und Pfeffer abschmecken.

Spitzkohl mit Pilzen

Zutaten:

- ✓ 1 EL Sherry
- ✓ 1 EL Sesam
- ✓ 5 Eier
- ✓ 50g Champignons
- ✓ 7 EL Teriyakisauce
- ✓ 80 g Lauchzwiebeln
- ✓ 2 EL Ghee
- ✓ 250 g Spitzkohl
- ✓ Salz
- ✓ Pfeffer

Zubereitung:

1. Sesam in einer Pfanne ohne Fett anrösten. Pilze in Scheiben schneiden.
2. Lauchzwiebeln waschen, trocken schütteln und in Ringe schneiden.
3. Strunk vom Spitzkohl entfernen und den Kohl in dünne Streifen schneiden.
4. Ghee in eine Pfanne geben. Lauchzwiebeln, Kohl und Pilze hinzufügen und andünsten.

5. Feuerfeste Form mit etwas Öl einstreichen und Gemüse hineingeben.
6. Eier in einer Schüssel vermischen und mit Sherry, Salz und Pfeffer über das Gemüse gießen.
7. Im Ofen bei 180 Grad für 20 Minuten garen bis die Eier gestockt sind.
8. Danach mit der Teriyakisauce beträufeln und mit dem Sesam bestreuen.

Vegetarischer Spinatkuchen

Zutaten:

- ✓ 100 g Gouda, am Stück
- ✓ 250 g Mehl
- ✓ 4 Eier
- ✓ 125 Butter, kalt
- ✓ 2 EL Ajvar
- ✓ Muskatnuss, gerieben
- ✓ 1 Eigelb
- ✓ 200 g Doppelrahmfrischkäse
- ✓ 1 kg Blattspinat
- ✓ 3 EL Öl

Zubereitung:

1. Eigelb, 2 EL kaltes Wasser, Pfeffer, ½ TL Salz, Butter und Mehl zu einem Teig verkneten. Abdecken und eine Stunde kühl stellen.
2. Spinat waschen und putzen. Dann Topf mit Salzwasser aufstellen und den Salat portionsweise blanchieren. Mit kaltem Wasser abschrecken und gut ausdrücken. Dann klein hacken.
3. Ajvar, Frischkäse und Öl mischen. Eier und Muskat vermischen.

4. Alles mit dem Spinat mischen. Mit Salz und Pfeffer abschmecken.
5. Backofen auf 200 Grad vorheizen. Eine Springform von 26 cm wählen und einfetten.
6. Auf der Arbeitsfläche Mehl ausstreuen und den Teig zu einem Kreis ausrollen, mit dem man den Boden der Form auslegen kann. Restlichen Teig einfach in 4 cm breite Streifen schneiden. Man kann ihn als Rand auf die Form drücken.
7. Spinatmasse auf den Teig geben. Gouda in Würfel schneiden und darauf geben.
8. Den Kuchen für eine Stunde bei 180 Grad backen.

Würziger Karottenaufstrich

Zutaten:

- ✓ 2 EL Kürbiskerne
- ✓ 200 g Karotten
- ✓ 1 Ingwer, fingerdick
- ✓ 50 g Schalotten
- ✓ 4 EL Gemüsebrühe
- ✓ 2 EL Olivenöl
- ✓ Muskat
- ✓ Chilipulver und Salz

Zubereitung:

1. Karotten waschen, schälen und in Scheiben schneiden.
2. Schalotten schälen und in Scheiben schneiden.
3. Olivenöl in eine Pfanne geben. Karotten und Schalotten hinzufügen und dünsten.
4. Mit Gemüsebrühe ablöschen. Mit Chili, Salz und Muskat abschmecken.
5. Ingwer fein reiben und in die Pfanne geben. Weitere 10 Minuten garen.
6. In der Zwischenzeit Kürbiskerne in einer anderen Pfanne ohne Öl anrösten.
7. Karotten pürieren und mit den Kürbiskernen bestreuen.

Ziegenkäse in Zucchini

Zutaten:

- ✓ 4 EL Olivenöl
- ✓ 200 g Ziegenkäse
- ✓ 20 g Ghee
- ✓ 280 g Zucchini
- ✓ Salz
- ✓ Pfeffer

Zubereitung:

1. Ziegenkäse in kleine Würfel schneiden.
2. Die Zucchini mit dem Gemüsehobel in 8 feine Streifen schneiden.
3. Das Ghee in einer Pfanne erhitzen. Dann die Zucchinischeiben hinzufügen und leicht anbraten. Der Pfanne entnehmen und auf Küchenkrepp etwas abtropfen lassen. Salzen und pfeffern.
4. Je zwei Zucchinischeiben so legen, dass sich mittig ein Kreuz ergibt. Den Ziegenkäse und Scheiben schneiden und das Päckchen zusammenlegen.
5. In einer Pfanne Olivenöl etwas erhitzen und die Zucchinpäckchen darin von allen Seiten anbraten bis sie eine schöne Bräunung aufweisen.

Internationale Speisen

Caldo Verde

Zutaten:

- ✓ 80 g Chorizo Wurst
- ✓ 150 g Kartoffeln
- ✓ 4 EL Olivenöl
- ✓ 1 Zwiebel, klein
- ✓ 500 ml Gemüsebrühe
- ✓ 150 g Grünkohl

Zubereitung:

1. Kartoffeln schälen und in mundgerechte Würfel schneiden.
2. Zwiebel schälen und mit den Kartoffeln in einen Topf geben. Mit der Gemüsebrühe aufgießen und für 20 Minuten kochen lassen.
3. In der Zwischenzeit den Grünkohl waschen und in feine Streifen schneiden.
4. Den Grünkohl in einen zweiten Topf geben und mit Wasser 10 Minuten kochen lassen. Danach den Kohl abtropfen lassen und zu den Kartoffeln geben.
5. Danach einen Schuss Olivenöl dazugeben und Chorizo in Scheiben schneiden und ebenfalls hinzufügen.

Chili con Carne (feurig)

Zutaten:

- ✓ 1 Dose Tomaten, 425 ml
- ✓ 1 Zwiebel, klein
- ✓ 1 Dose weiße Bohnen
- ✓ 1 Dose rote Bohnen
- ✓ 150 g Rinderhackfleisch
- ✓ 1 rote Paprika
- ✓ 1 Knoblauchzehe
- ✓ 1 grüne Paprika
- ✓ 1 TL Ghee
- ✓ Chilipulver
- ✓ Salz

Zubereitung:

1. Knoblauchzehe und Zwiebel schälen und fein würfeln.
2. Ghee in eine Pfanne geben und das Rinderhackfleisch darin gut anbraten. Mit Chili und Salz würzen.
3. Die beiden Paprikaschoten waschen, schälen und halbieren. Kerne und weiße Trennwände entfernen und in Stücke schneiden. Bohnen abtropfen lassen.

4. Tomaten, Paprika und Bohnen mit zu dem Hackfleisch geben. Kurz aufkochen und dann 10 Minuten vor sich hin köcheln lassen.
5. Bei Bedarf mit Salz und Pfeffer nachwürzen.

Dattel Rosmarin Kräcker

Zutaten:

- ✓ 1 EL Olivenöl
- ✓ 6 Datteln, getrocknet
- ✓ 250 g Mandeln, gemahlen
- ✓ 1 Ei
- ✓ 1 EL Rosmarin Nadeln, frisch
- ✓ Salz

Zubereitung:

1. Datteln mit dem Rosmarin fein hacken.
2. Mandeln, Ei, Olivenöl, Datteln und Rosmarin kneten, bis ein Teig entsteht.
3. Teig zwischen zwei Bögen Backpapier geben und ausrollen. Oberes Papier entfernen. Teig in Quadrate schneiden. Diese auf einem Blech auslegen und für 15 Minuten bei 180 Grad im Ofen backen.

Kefir mit Gurke

Zutaten:

- ✓ 250 ml Kefir, kalt
- ✓ 1 EL Natur Joghurt
- ✓ 250 g Salatgurke
- ✓ Meersalz
- ✓ Pfeffer

Zubereitung:

1. Gurke waschen und die beiden Enden abschneiden. Dann mit Schale in grobe Stücke schneiden.
2. Kefir und Naturjoghurt zur Gurke geben und pürieren. Mit Salz und Pfeffer abschmecken.

Ratatouille

Zutaten:

- ✓ 50 g Tomaten
- ✓ 90 g Zucchini
- ✓ 90 g Paprikaschoten
- ✓ 90 g Auberginen
- ✓ 65 ml Tomatensaft
- ✓ 40 g Zwiebeln
- ✓ Oregano
- ✓ Thymian
- ✓ 4 EL Ghee
- ✓ Salz
- ✓ Pfeffer

Zubereitung:

1. Paprikaschoten waschen und halbieren. Kerne und Trennwände entfernen. Dann in Stücke schneiden.
2. Auberginen und Zucchini waschen und in mundgerechte Stücke schneiden.
3. Zwiebel schälen und fein hacken.
4. In einem Topf Ghee zerlassen. Paprikaschoten hineingeben und 3 Minuten braten. Danach die Zucchini und die Auberginen untermischen und weitere drei Minuten garen.

5. Mit Tomatensaft ablöschen. Mit Oregano, Thymian, Salz und Pfeffer abschmecken.
6. Tomaten halbieren, Kerne mit einem Löffel entfernen. Dann würfeln und mit in den Topf geben.

Orientalischer Linseneintopf mit Fischfilet

Zutaten:

- ✓ 2 TL Ghee
- ✓ 1 Zwiebel
- ✓ 300 g Kabeljau
- ✓ 1 Knoblauchzehe
- ✓ 400 ml Gemüsebrühe
- ✓ 125 g Linsen, gelb
- ✓ 1 Lorbeerblatt
- ✓ 4 Stängel Petersilie
- ✓ 2 TL Curry Paste, gelb

Zubereitung:

1. Zwiebel schälen und fein würfeln. Knoblauch schälen und durch eine Presse drücken.
2. Einen Topf aufstellen und einen TL Ghee darin erhitzen. Dann die Zwiebel und den Knoblauch hinzufügen und dünsten bis sie glasig sind.
3. Lorbeerblatt, Currypaste und Linsen dazu geben. Dann mit der Gemüsebrühe aufschütten und für 30 Minuten bei kleiner Hitze köcheln lassen.

4. Kabeljau unter fließendem Wasser abwaschen und trocken tupfen. Dann in Würfel schneiden. In einer Pfanne mit 1 TL Ghee anbraten. Anschließend mit in die Suppe geben. Petersilie waschen, trocken schütteln und fein hacken. Vor dem Servieren über die Suppe streuen.

EIERSPEISEN

Curry Eier mit Schinken

Zutaten:

- ✓ 1 TL Currypulver
- ✓ 4 Eier, hart gekocht
- ✓ 2 EL Tomatenmark
- ✓ 6 Scheiben Kochschinken
- ✓ 250 ml Sahne
- ✓ 3 EL Sherry
- ✓ Pfeffer
- ✓ Salz

Zubereitung:

1. Schinken mit dem Sherry beträufeln.
2. Eier schälen und in Viertel schneiden.
3. Feuerfeste Form einfetten. Schinken und Eier darin verteilen.
4. Sahne mit dem Currypulver und dem Tomatenmark mischen. Mit Pfeffer und Salz würzen. Sauce über die Eier gießen.
5. Für 15 Minuten bei 220 Grad im Ofen backen.

Eier Benedict

Zutaten:

- ✓ 2 halbe Brötchen
- ✓ 2 Eier
- ✓ 150 ml Sauce Hollandaise
- ✓ 4 Scheiben Räucherlachs
- ✓ 4 EL Spinat
- ✓ 6 EL Essig
- ✓ Salz

Zubereitung:

1. In einem Topf den Spinat erhitzen.
2. Sauce Hollandaise in einem zweiten Topf nur erwärmen.
3. Topf mit Essigwasser und Salz aufstellen. Eier vorsichtig mit einer Kelle in das Wasser gleiten lassen und pochieren.
4. Die Toastbrötchen mit je Scheiben Lachs belegen. Spinat darauf verteilen.
5. Sauce Hollandaise über den Spinat gießen. Eier darauf platzieren und servieren.

Eier mit Forelle und Mozzarella

Zutaten:

- ✓ 5 Blatt Salat
- ✓ 4 Eier
- ✓ 1 Forellenfilet
- ✓ 2 Tomaten, groß
- ✓ 1 Beutel Mozzarella
- ✓ Basilikum
- ✓ Salz

Zubereitung:

1. Tomaten waschen und in Würfel schneiden. In einer Pfanne ohne Öl anbraten.
2. Eier verquirlen und mit in die Pfanne geben. Gut mit den Tomaten mischen.
3. Salat auf einem Teller auslegen.
4. Eierspeise auf den Salat geben und mittig das Forellenfilet platzieren.
5. Mozzarella in Scheiben schneiden und auf das Filet geben. Mit Salz und Basilikum würzen.

Eierspeise mit Tomaten und Petersilie

Zutaten:

- ✓ 1 Bund Petersilie
- ✓ 4 Tomaten, groß
- ✓ 10 g Butter
- ✓ 4 Eier
- ✓ Thymian, getrocknet
- ✓ Salz
- ✓ Pfeffer

Zubereitung:

1. Tomaten waschen. Deckel abschneiden und innen aushöhlen.
2. Thymian, Salz und Pfeffer in die Tomate zum Würzen geben. Eine kleine Flocke Butter hinzufügen.
3. Eine feuerfeste Form einfetten und Tomaten hineinsetzen. Dann die Eier aufschlagen und je ein Ei in eine Tomate geben.
4. Für 20 Minuten im Ofen backen.
5. Petersilie waschen, trocken schütteln, fein hacken und über die Tomaten streuen.

Eingelegte Eier

Zutaten:

- ✓ 1 TL Meerrettich, gerieben
- ✓ 10 Eier
- ✓ 2 TL Pfeffer, grün
- ✓ 3 TL Salz
- ✓ 2 Lorbeerblätter
- ✓ 1 TL Piment Körner
- ✓ 125 ml Wasser
- ✓ 200 ml Sangrita
- ✓ 125 ml Weißweinessig
- ✓ Salz
- ✓ Pfeffer

Zubereitung:

1. Eier hart kochen und abschrecken. Dann schälen und zur Seite stellen.
2. Gesäubertes Schraubglas mit den Eiern füllen. Vielleicht muss man auch zwei Gläser nehmen.
3. Alle anderen Zutaten in einem Topf aufkochen lassen. Den Sud über die Eier gießen.
4. Eier kann man 1 Woche im Kühlschrank lagern.

Frittata mit Tomate und Zucchini

Zutaten:

- ✓ 2 EL Öl
- ✓ 3 Tomaten
- ✓ 2 EL Sahne
- ✓ 1 Zucchini
- ✓ 6 Eier
- ✓ Muskat
- ✓ Salz
- ✓ Pfeffer

Zubereitung:

1. Zucchini in 8 Scheiben schneiden. Rest in Würfel schneiden.
2. Tomaten waschen und in Scheiben schneiden.
3. Öl in einer Pfanne erhitzen und die Hälfte des Gemüses hineingeben, um es anzubraten. Dann die Hälfte der verquirlten Eier dazugeben. Bei schwacher Hitze garen bis die Eier stocken.
4. Frittata auf einen Deckel oder Teller stürzen und zurück in die Pfanne gleiten lassen. Nochmals 2 Minuten garen.
5. Vorgang wiederholen und zweite Portion garen.

Gebeizte Eier

Zutaten:

- ✓ 200 g Zucker
- ✓ 4 Eigelb
- ✓ 300 g Salz
- ✓ Zitronenschale

Zubereitung:

1. Zucker, Salz und Zitronenabrieb mischen. Die Hälfte davon in eine Schüssel geben.
2. In die Mischung 4 Mulden drücken und in jede 1 Eigelb geben.
3. Schüssel abdecken und für 3-4 Tage im Kühlschrank kühl stellen.
4. Danach die Eier aus der Zucker-Salz Mischung nehmen. Eigelb bei 65 Grad im Ofen für 2 Stunden garen. Die Eier kann man in einer verschlossenen Dose im Kühlschrank 2 Wochen aufbewahren und nutzen, um Pasta zu würzen.

Gemüse Rühreier

Zutaten:

- ✓ 1 Bund Petersilie
- ✓ 1 Bund Frühlingszwiebeln
- ✓ 5 Eier
- ✓ 1 Dose Tomaten, gehackt
- ✓ 3 TL Olivenöl
- ✓ 2 Peperoni, grün
- ✓ 2 Paprikaschoten, rot
- ✓ Salz
- ✓ Pfeffer

Zubereitung:

1. Peperoni und Paprika waschen, halbieren und Kerne entfernen. Dann würfeln. Frühlingszwiebeln waschen und in Ringe schneiden.
2. Öl in einer Pfanne erhitzen und Frühlingszwiebeln anbraten. Das gesamte Gemüse, ohne die Petersilie, in die Pfanne geben und unter rühren 5 Minuten garen.
3. Eier verquirlen und mit Salz würzen. Mischung über das Gemüse gießen und stocken lassen.
4. In der Zwischenzeit die Petersilie waschen, trocken schütteln und fein hacken.
5. Eier auf einen Teller geben und mit Petersilie bestreuen.

Omelett mit Mangold und Pilzen

Zutaten:

- ✓ 100 g Mangold
- ✓ 1 TL Ghee
- ✓ 5 Eier
- ✓ 4 Tomaten
- ✓ Muskat
- ✓ Salz
- ✓ Pfeffer

Zubereitung:

1. Mangold in Streifen schneiden. Dann Ghee in der Pfanne andünsten.
2. Die Tomaten waschen, vierteln und dazugeben.
3. Eier verquirlen und mit Salz, Pfeffer und Muskat abschmecken. Dann in die Pfanne über den Mangold gießen und bei mittlerer Hitze stocken lassen.

Omelett nach Schweizer Art

Zutaten:

- ✓ Bergkäse
- ✓ 2 Eier
- ✓ 1 EL Speck Würfel
- ✓ 1 Frühlingszwiebel
- ✓ Salz
- ✓ Pfeffer

Zubereitung:

1. Eier aufschlagen und verquirlen. Frühlingszwiebel waschen und in Ringe schneiden.
2. Speck und Frühlingszwiebel in einer Pfanne mit etwas Öl anbraten. Eier dazugeben und stocken lassen.
3. Am Schluss Bergkäse darüber streuen.

Spinat mit Eiern

Zutaten:

- ✓ 5 Kugeln Mini Mozzarella
- ✓ 300 g Spinat, TK Ware
- ✓ 2 Eier
- ✓ 1 Zwiebel, klein
- ✓ ½ TL Muskat
- ✓ 1 Knoblauchzehe
- ✓ 2 EL Parmesan
- ✓ 1 EL Ghee
- ✓ Salz
- ✓ Pfeffer

Zubereitung:

1. Spinat auftauen lassen und das Wasser ausrücken.
2. Die Zwiebel und die Knoblauchzehe schälen und in feine Würfel schneiden.
3. Das Ghee zerlassen, Knoblauch, Zwiebeln und Spinat dazugeben.
4. Drei Minuten in der Pfanne dünsten. Dann mit Salz, Pfeffer und Muskat abschmecken.
5. In den Spinat zwei Mulden drücken und die aufgeschlagenen Eier dann in die Mulden geben.

6. Ofen vorheizen.
7. Spinatpfanne hineingeben und 15 Minuten lang garen lassen.
8. Den Mozzarella halbieren, in die Form mitgeben und weiter backen bis er geschmolzen ist.

Paprika mit Ei

Zutaten:

- ✓ 6 Scheiben Schinken, gekocht
- ✓ 2 Paprikaschoten, rot
- ✓ 4 Eier
- ✓ Salz
- ✓ Pfeffer

Zubereitung:

1. Paprikaschoten der Länge nach halbieren. Trennwände und Kerne entfernen und auswaschen. Dann mit Salz und Pfeffer würzen.
2. Den Schinken in feine Würfel schneiden und diese in die Paprikahälften geben.
3. Die Eier aufschlagen in die Paprika füllen. Salzen und pfeffern.
4. Ofen auf 180 Grad vorheizen. Schoten hineingeben und so lange garen, bis die Eier gestockt sind.

Süßsaure Eier

Zutaten:

- ✓ 80 g Speck
- ✓ 8 Eier
- ✓ 2 Zwiebeln
- ✓ 2 TL Brühe, Instantpulver
- ✓ 1 Zwiebel, rot
- ✓ 3 EL Dijon Senf
- ✓ 3 EL Sonnenblumenöl
- ✓ 700 ml Wasser
- ✓ 2 EL Zucker
- ✓ 1 EL Senfkörner
- ✓ 3 EL Mehl
- ✓ 3 EL Zucker

Zubereitung:

1. Eier hart kochen.
2. Speck in Würfel schneiden und in einer Pfanne erhitzen.
3. Dann 3 EL Senf mit 400 ml Wasser mischen.
4. Zwiebeln in Würfel schneiden und mit 3 EL Öl zu dem Speck geben.

5. Wenn die Zwiebeln goldbraun sind, 2 EL Zucker drüberstreuen.
6. Nach dem Karamellisieren, 3 EL Mehl in die Pfanne geben und rühren. Wassersenfmischung zum Ablöschen nutzen.
7. In einen Topf füllen und 300 ml Wasser zugießen. 1 EL Zucker, Pfeffer und Instantbrühe dazu mischen. 5 Minuten köcheln lassen. Eier in die Sauce geben und nur noch erhitzen, nicht kochen.

Smoothies und Getränke

Apfel Quark Smoothie

Zutaten:

- ✓ 1 Tasse Äpfel
- ✓ 1 Tasse Vanilleeis
- ✓ 5 EL Erdbeersaft
- ✓ 2 EL Quark

Zubereitung:

1. Alle Zutaten in einem Mixer mischen.

Banane Ananas Smoothie

Zutaten:

- ✓ 3 EL Zucker, braun
- ✓ 1 Tasse Naturjoghurt
- ✓ 10 Eiswürfel
- ✓ 1 ½ Bananen
- ✓ 1 Tasse Ananassaft

Zubereitung:

1. Joghurt in eine Schale geben und 6 Stunden ins Gefrierfach stellen.
2. Aus dem Gefrierschrank nehmen und im Mixer zerkleinern.
3. Bananen schälen und klein schneiden. Zusammen mit dem Ananassaft und dem Zucker in den Mixer geben und alle Zutaten mischen.

Bananen Smoothie

Zutaten:

- ✓ 1 Banane
- ✓ EL Zucker
- ✓ 4 Eiswürfel
- ✓ ½ Tasse Joghurt

Zubereitung:

1. Alle Zutaten in einen Mixer geben und mischen.

Bratapfel Smoothie

Zutaten:

- ✓ 1 EL Preiselbeeren, aus dem Glas
- ✓ 1 Apel, groß
- ✓ 3 Spekulatiuskekse
- ✓ 1 ½ EL Haselnüsse, gemahlen
- ✓ 1 TL Rum
- ✓ 1 TL Zitronensaft
- ✓ 50 ml Milch, kalt
- ✓ ½ TL Zimtpulver
- ✓ 2 EL Quark
- ✓ 2 EL Honig
- ✓ 1 EL Butter, weich
- ✓ 5 Eiswürfel

Zubereitung:

1. Backofen auf 200 Grad vorheizen.
2. Den Apfel schälen und das Kerngehäuse entfernen.

3. Die Haselnüsse mit dem Zimtpulver und dem Zitronensaft mischen. Dann ¾ EL Butter und 1 EL Honig dazu mischen. Die Masse in den Apfel füllen. Restlichen Butter als Flocken darauf verteilen. Apfel in eine feuerfeste Form geben und für 20-25 min im erhitzen Ofen backen.
4. Eiswürfel zerkleinern. Apfel aus dem Ofen nehmen und kurz abkühlen lassen. Dann in vier Stücke schneiden und diese mit dem Quark, dem Rum, der Milch und dem Honig zusammen in einen Mixer geben.
5. Pürieren. Eis hinzufügen und nochmals pürieren. Dann den Spekulatius zerbröseln und zusammen mit den Preiselbeeren auf den 2 Smoothiegläsern verteilen.

Brokkoli Smoothie

Zutaten:

✓ 4 Brokkoli Röschen

✓ 1 Mohrrübe

✓ 2 Orangen

✓ 2 Hände Spinat

✓ 1 Apfel

Zubereitung:

1. Apfel schälen und klein schneiden.
2. Mohrrübe schälen und in Scheiben schneiden.
3. Filets aus den Orangen lösen. Stiele vom Spinat entfernen.
4. Alle Zutaten in einen Mixer geben und mischen.

Brombeere Pfirsich Smoothie

Zutaten:

- ✓ 2 Pfirsiche
- ✓ 1 Tasse Brombeeren
- ✓ 5 Eiswürfel
- ✓ ½ Tasse Mandelmilch
- ✓ 1 EL Honig

Zubereitung:

1. Alle Zutaten in einen Mixer geben und mischen.

Cheesecake Smoothie

Zutaten:

- ✓ 5 Butterkekse
- ✓ ½ Zitrone, unbehandelt
- ✓ 1 Packung Vanillezucker
- ✓ ½ Limette
- ✓ 4 cl Sahne
- ✓ 100 g Quark
- ✓ 70 ml Buttermilch

Zubereitung:

1. Limette und Zitrone mit heißem Wasser abwaschen und die Schale abreiben. Dann die Zitrone auspressen.
2. Sahne mit der Buttermilch und dem Quark mischen.
3. Kekse in Stücke zerbröseln und alles in den Mixer geben und mischen.
4. In ein Glas gießen und genießen.

Gersten Smoothie

Zutaten:

- ✓ 250 ml Wasser
- ✓ 2 Birnen
- ✓ 250 ml Haferdrink
- ✓ 1 Banane
- ✓ 3 Kohlrabi Blätter
- ✓ 1 TL Gersten Gras Pulver

Zubereitung:

1. Banane schälen und in Scheiben schneiden.
2. Birne waschen, in Viertel schneiden, Kerngehäuse und Stiel entfernen.
3. Kohlrabi Blätter mit der Banane, Birne und Gerstengraspulver mischen. Dann alles mit dem Wasser und Haferdrink in einen Mixer geben und mischen.

Ingwer-Tee mit Pfefferminze

Zutaten:

- ✓ 4 Blätter Pfefferminze
- ✓ ½ l Wasser
- ✓ 3 cm Ingwer
- ✓ 1 Zitrone

Zubereitung:

1. Wasser in einem Topf zum Kochen bringen
2. Ingwer reiben und Zitrone waschen, sowie vierteln.
3. Ingwer und Zitrone mit den Minzeblättern in ein Glas geben und mit dem Wasser übergießen.

Nussknacker Smoothie

Zutaten:

- ✓ 1 Prise Zimtpulver
- ✓ 4 Walnusshälften
- ✓ 1 EL Ahorn Sirup
- ✓ ½ Birne
- ✓ ½ Apfel
- ✓ 2 EL Natur Joghurt, gekühlt
- ✓ 1 TL Limettensaft, frisch gepresst
- ✓ 50 ml Milch

Zubereitung:

1. Walnusshälften in sehr feine Stücke hacken und direkt in den Mixer geben. Apfel und Birne waschen und schälen. Das Kerngehäuse entfernen und beides etwas zerkleinern. Dann auch in de Mixer geben und mit dem Limettensaft beträufeln.
2. Ahornsirup, Milch und Jogurt in den Mixer geben und mischen.
3. Smoothies in zwei Gläser gießen und mit dem Zimtpulver bestreuen.

Pfirsich Ananas Smoothie

Zutaten:

- ✓ 1 Tasse Ananassaft
- ✓ 400 g Pfirsiche, in der Dose
- ✓ 250 ml Vanille Eis
- ✓ 1 EL Zucker

Zubereitung:

1. Ananassaft, Pfirsiche und Zucker mischen. Dann Eis hinzugeben und nochmals mixen.

Wirsing Smoothie

Zutaten:

- ✓ 3 Blätter Mangold
- ✓ 1 Banane, reif
- ✓ 3 Blätter Wirsing
- ✓ 1 Birne, mittelgroß
- ✓ 1 Handvoll Mangold
- ✓ 1 Handvoll Wirsing
- ✓ 300 ml Wasser
- ✓ ½ Bund Minze

Zubereitung:

1. Birne waschen, vierteln und Kerne sowie Stiel entfernen. Banane schälen und in Scheiben schneiden.
2. Mangold und Wirsing in Stücke schneiden, Stiele vorher entfernen.
3. Alles in den Mixer geben und Wasser hinzufügen, dann mischen.
4. Smoothie in drei Gläser füllen. Auf jedes Glas ein Blatt Wirsing und Mangold setzen.

Apfelkuchen Dessert

Zutaten:

- ✓ 75 g Butter
- ✓ 5 Eier, säuerlich
- ✓ ½ TL Zimt
- ✓ 4 EL Zucker
- ✓ 125 g Mehl
- ✓ 50 g Mandeln, gemahlen

Zubereitung:

1. Backofen vorheizen.
2. Äpfel schälen, Kerngehäuse entfernen und in Schlitze schneiden.
3. Zucker mit Wasser aufkochen und Äpfel darin so garen, dass sie noch bissfest sind. In eine Form füllen.
4. Zimt, Zucker, Mandeln und Mehl mischen. Butter dazugeben und Streusel daraus machen. Diese über die Äpfel geben. Für 25 Minuten bei 200 Grad im Ofen backen.

Apfelküchlein in Butterschmalz

Zutaten:

- ✓ 2 EL Zucker
- ✓ 125 g Mehl
- ✓ 1 TL Öl
- ✓ 2 Eier
- ✓ 125 ml Milch
- ✓ 1 TL Backpulver
- ✓ 4 Äpfel, säuerlich
- ✓ Zimtpulver
- ✓ Butterschmalz

Zubereitung:

1. Äpfel schälen und Kerngehäuse herausstechen. Dann Ringe schneiden.
2. Mehl mit Backpulver in eine Schüssel geben. Öl, Eier und Milch mischen und dann in das Mehl einrühren.
3. Pfanne 1 cm hoch mit Butterschmalz befüllen. Äpfel durch den Teig ziehen und auf beiden Seiten in der Pfanne für 4 Minuten ausbacken.
4. Küchlein mit etwas Zimt und Zucker bestreuen.

Beeren Joghurt Dessert

Zutaten:

- ✓ 500 g Beeren, gemischt nach Wahl
- ✓ 1 EL Pistazien, gehackt
- ✓ 100 g Kirschkonfitüre
- ✓ 300 g Birnenjoghurt
- ✓ 4 Blatt Gelatine
- ✓ 2 Limetten, Bio
- ✓ 2 EL Puderzucker
- ✓ 200 ml Sahne

Zubereitung:

1. Beeren abwaschen und durch ein Sieb abtropfen lassen.
2. Drittel der Beeren zur Seite stellen.
3. In kaltem Wasser die Gelatine einweichen.
4. Limette mit heißem Wasser abwaschen und Schale abreiben. Dann Saft auspressen.
5. Limettensaft in einem Topf erwärmen und die ausgedrückte Gelatine darin auflösen. Dann unter den Joghurt mischen.
6. Sahne steif schlagen und unter den Joghurt geben.
7. Beeren in eine Schüssel geben und Creme darauf verteilen. Mit Pistazien bestreuen und 2 Stunden kühl stellen.

Creme brulee

Zutaten:

- ✓ 4 flache Förmchen
- ✓ 5 Eigelb
- ✓ 7 EL brauner Zucker
- ✓ 40 g Zucker
- ✓ 200 ml Milch
- ✓ Prise Zimt
- ✓ 2 Vanilleschoten
- ✓ 200 ml Sahne

Zubereitung:

1. Backofen auf 120 Grad vorheizen.
2. Zucker mit Eigelb schaumig rühren. Mark aus der Vanilleschote kratzen und mit Sahne und Milch aufkochen lassen. Zimt einrühren.
3. Vanillesahnemischung durch ein Sieb in die Eigelbmischung einrühren.
4. Förmchen mit der Milch befüllen. Auf ein Blech geben und in den Ofen schieben. Dann aber Wasser auf das Blech gießen und für 25 Minuten garen lassen.
5. Förmchen aus dem Wasser nehmen und Creme auskühlen lassen.
6. Mit Zucker bestreuen und mit Bunsenbrenner bräunen.

Crêpe Suzette

Zutaten:

- ✓ 1 EL Vanillezucker
- ✓ 50 g Butter
- ✓ 2 EL Orangenlikör
- ✓ 50 g Butterschmalz
- ✓ 150 ml Milch
- ✓ 1 Prise Salz
- ✓ 100 g Mehl
- ✓ 4 Orangen
- ✓ 1 EL Zucker
- ✓ Puderzucker

Zubereitung:

1. In einem Topf Butter schmelzen und dann vom Herd nehmen.
2. Eier und Milch verquirlen. Mit Zucker und Salz würzen.
3. Mehl portionsweise zur Milch geben und einrühren.
4. Eine Orange auspressen und den Saft mit der flüssigen Butter mischen. In den Teig mischen und im Kühlschrank 30 Minuten ruhen lassen.

Erdnuss Bananen Dessert

Zutaten:

- ✓ 1 Messerspitze Cayennepfeffer
- ✓ 1 Limette, Bio
- ✓ 80 g Erdnussmus, ohne Stücke
- ✓ 2 Bananen, klein
- ✓ 2 EL Ahorn Sirup
- ✓ 400g Seidentofu
- ✓ 2 EL Aprikosen Konfitüre

Zubereitung:

1. Limette mit heißem Wasser abspülen und Schale abreiben. Dann Saft auspressen.
2. Banane schälen und in Scheiben schneiden.
3. Konfitüre, Limettensaft, Ahornsirup und Tofu mit einem Pürierstab zerkleinern. Erdnussmus und Banane dazugeben und wieder pürieren.
4. Limettenschale, Prise Salz und Cayennepfeffer in die Creme mischen. Dann 2 Stunden im Kühlschrank kühl stellen.
5. Zweite Orange abwaschen und Schale abreiben. Dann bei 2 Orangen das Fruchtfleisch auslösen, indem man die Filets herausnimmt.

6. Vanillezucker, Likör, Saft und Orangenfilets in einer Pfanne schwach erwärmen.
7. In einer Pfanne 1 TL Butter schmelzen und den Teig hineingeben. Vorsichtig backen, wenden und nochmals backen.
8. Crêpe auf einem Teller zusammenfalten und Orangensauce darüber gießen. Mit Puderzucker bestreuen.

Gefüllte Orangen

Zutaten:

- ✓ 200 g Kuvertüre
- ✓ 5 Orangen
- ✓ 400 ml Sahne
- ✓ 3 Blatt Gelatine
- ✓ 4 Eigelb
- ✓ Prise Salz
- ✓ Minze Blättchen

Zubereitung:

1. Orangen mit heißem Wasser abspülen und Schale von einer Orange abreiben.
2. Dann 6 EL Wasser und 2 EL Zucker in einem Topf erhitzen. Orangenschale hineingeben und kochen bis Flüssigkeit verdampft ist.
3. Von der einen Orange Fruchtfleisch fein würfeln.
4. Bei den anderen vier Orangen den Deckel abschneiden und mit einem Löffel das Innere herauskratzen. Fruchtfleisch mit einem Stabmixer pürieren. Durch ein Sieb streichen und mit dem Restzucker aufkochen lassen. Dann vom Herd nehmen und abkühlen lassen.

5. Gelatine mit Wasser einweichen. Orangensirup mit Salz und Eigelb über einem Wasserbad schaumig schlagen. Gelatine gut ausdrücken und dazu mischen.
6. Kuvertüre über einem Wasserbad schmelzen. Sahne steif schlagen und unter die Creme geben. Orangen mit der Creme befüllen und im Kühlschrank mindestens 4 Stunden kühl stellen.
7. Vor dem Servieren mit Minze dekorieren.

Grapefruitschicht Dessert

Zutaten:

- ✓ 3 Stück Zwieback
- ✓ 1 Grapefruit
- ✓ 1 TL Schoko Streusel
- ✓ 100 g Magerquark
- ✓ 2 EL Orangensaft
- ✓ 100g Joghurt
- ✓ 1 TL Honig

Zubereitung:

1. Grapefruit halbieren und Fruchtfleisch von der Haut befreien.
2. Joghurt, Honig, Orangensaft und Quark mischen.
3. Zwieback in einen Gefrierbeutel geben und mit einem Nudelholz grob zerkleinern.
4. Gläser nehmen und abwechselnd Zwieback, Quarkcreme und Grapefruit schichten bis alles aufgebracht worden ist. Am Schluss mit Schokostreuseln bestreuen.

Himbeere Sahne Dessert

Zutaten:

- ✓ 300 g Himbeeren. TK
- ✓ 150 g Schmand
- ✓ 1 Becher Sahne
- ✓ 150 g Creme fraiche
- ✓ 3 Blatt Gelatine
- ✓ 160 g Zucker

Zubereitung:

1. Schmand, Zucker und Creme fraiche mischen. Gelatine unterrühren.
2. Sahne schlagen und unterheben.
3. Himbeeren pürieren und auf die Masse schichten.

Latte Macchiato Dessert

Zutaten:

- ✓ 150 ml Milch
- ✓ 200 ml Sahne
- ✓ 6 EL heißes Wasser
- ✓ 300 g Quark
- ✓ 2 TL Espresso Pulver, löslich
- ✓ 2 EL Amaretto
- ✓ 2 EL Zucker
- ✓ Zimt

Zubereitung:

1. Sahne steif schlagen und mit dem Quark mischen.
2. Ein Drittel der Creme zur Seite stellen. Den Rest mit dem Amaretto mischen.
3. In wenig heißem Wasser das Espressopulver auflösen und in das Drittel Creme geben, dass man zuvor zur Seite gestellt hat.
4. Creme abwechseln in Gläser geben und eine Stunde kaltstellen.

Lebkuchen Dessert

Zutaten:

- ✓ 2 EL Kakaopulver
- ✓ 250 g Lebkuchen
- ✓ 75 g Zucker
- ✓ 1 Glas Schattenmorellen
- ✓ 2 TL Zimtpulver
- ✓ 500 g Magerquark
- ✓ 1 Packung Vanillezucker
- ✓ 200 ml Sahne

Zubereitung:

1. Lebkuchen zerkleinern bis Brösel entstehen.
2. Schattenmorellen abgießen und Saft aufbewahren.
3. Zucker mit Vanillepulver und Quark mischen.
4. Vier Dessertgläser mit dem Lebkuchen füllen und Kirschsaft darauf gießen. Dann die Quarkcreme einfüllen. Am Schluss mit Zimt bestreuen.

Mandel-Grieß Dessert

Zutaten:

- ✓ 100 g Rosinen
- ✓ 100 g Ghee
- ✓ 200 g Zucker
- ✓ 200 g Grieß
- ✓ 15 g Mandeln

Zubereitung:

1. Ghee in einer Pfanne erhitzen. Grieß und für 4 Minuten bei mittlerer Hitze garen.
2. In 400 ml Wasser den Zucker auflösen und Mandeln grob hacken.
3. Grieß mit Mandeln und Rosinen mischen.
4. Zuckerwasser über das Dessert gießen und heiß servieren.

Mandelmilchdessert

Zutaten:

- ✓ 100 g Reisstärke
- ✓ 100 g Mandeln, gemahlen
- ✓ 1 Prise Salz
- ✓ ½ l Milch
- ✓ 70 g Zucker

Zubereitung:

1. Mandeln in eine große Schüssel geben.
2. Milch aufwärmen und zu den Mandeln geben. Eine Stunde lang stehen lassen.
3. Durch ein Sieb die Milch in einen Topf gießen. Mandeln gut ausdrücken. Zucker und Salz zur Milch geben und einmal aufkochen. Dann den Topf vom Herd nehmen.
4. Glasschälchen mit kaltem Wasser ausspülen.
5. Reismehl in eine zweite Schüssel geben und mit 150 ml Wasser rühren. Mischung in die Mandelmilch geben und ständig rühren.
6. Pudding in die Schälchen geben und mindestens eine Stunde kühl stellen.

Mango Dessert

Zutaten:

- ✓ 300 g Mango Saft
- ✓ 300 g Joghurt
- ✓ 1 Mango, reif
- ✓ 1 Dose Ananas, klein
- ✓ 1 Apfel
- ✓ 2 EL Nüsse, gerieben

Zubereitung:

1. Mango schälen. Kern entfernen und Fruchtfleisch in Würfel schneiden.
2. Mango Saft und Joghurt mischen. In eine große Schüssel geben.
3. Ananas abtropfen lassen. Den Apfel schälen und in Viertel schneiden. Kerngehäuse entnehmen und in Würfel schneiden. Ananas und Apfel in den Joghurt mischen.
4. Mango und Nüsse in den Joghurt mischen.

Topfen Nockerl

Zutaten:

- ✓ 4 EL Mehl
- ✓ 250 g Quark (Topfen)
- ✓ 4 EL Sonnenblumenöl
- ✓ Brotbrösel
- ✓ 2 Ei
- ✓ Zucker
- ✓ Zimt
- ✓ Butter
- ✓ 1 Prise Salz

Zubereitung:

1. Salz, Ei, Öl und Quark mischen, bis eine cremige Masse entstanden ist.
2. Das Mehl nach und nach untergeben und weiterrühren.
3. In einem Topf Salzwasser zum Kochen bringen.
4. Mit einem Suppenlöffel Nockerl aus dem Teig ausstechen und diese dann in das Wasser geben. Alles kurz aufkochen lassen. Dann die Hitze reduzieren und für 15 Minuten vor sich hin köcheln lassen.
5. In der Zwischenzeit Butter in einer Pfanne erhitzen. Die Brotbrösel hinzufügen und leicht anbräunen.

6. Die Nockerl etwas abtropfen lassen. Dann auf einem flachen Teller anrichten. Mit Zimt, etwas Zucker und den Brotbrösel bestreuen.
7. Dazu schmeckt selbstgemachtes Apfelmus sehr gut.

BONUSMATERIAL

Das kleine Küchen ABC

A

Abschmecken	Darunter versteht man das Probieren von Speisen, um anschließend gegebenenfalls nach zu würzen.
Abschrecken	Schlagartiges Beenden des Garprozesses. Lebensmittel werden nach dem Kochen oder Blanchieren mit kaltem Wasser übergossen.
Agar Agar	Dabei handelt es sich um ein pflanzliches Geliermittel. Es ist damit auch für Veganer und Vegetarier eine echte Alternative zu herkömmlichen Geliermitteln.
Ajvar	Eine Würzpaste aus Paprika, die ihren Ursprung auf dem Balkan.
Anschwitzen	Das Kochgut wird mit wenig Fett und bei geringer Wärme erhitzt, es soll dabei keine Farbe annehmen.
Apfelsine	Das ist im Norden Deutschlands ein gängiger Ausdruck, in Österreich die Orange.
Auslösen	Hierbei werden Fleischteile vom Knochen getrennt.
Ausquellen	Einweichen, meist in Wasser, dient der Weichmachung von getrockneten Lebensmitteln.

B

Backen	Unter Backen wird üblicherweise das Garmachen im Backofen verstanden. Die Speisen oder Lebensmittel werden mit heißer Luft gelockert und gebräunt.
Bestauben	Das Bestreuen von Lebensmitteln mit Mehl oder Staubzucker. Fleisch oder Fisch wird vor dem Braten mit Mehl bestäubt, dadurch bildet sich eine feine Kruste.
Binden	Das Eindicken von Flüssigkeiten so dass die Konsistenz cremig wird. Bindemittel sind meist Mehl, Kartoffelstärke, Eigelb oder Gelatine.
Blanchieren	Auch brühen oder überbrühen genannt. Blanchieren bezeichnet das kurzzeitige Eintauchen von Lebensmitteln (meist Gemüse) in heißes Wasser. Der Vorgang sollte nicht länger als 1 Minute dauern.
Blondieren	Mehl mit etwas Butter/Fett unter Rühren bei geringer Hitze für ein Einmachen hell anrösten.
Bouquet garni	Darunter versteht man ein Kräutersträußchen, dass zum Aromatisieren in Suppen oder Eintöpfe gegeben wird. Meist enthält es Rosmarin, Petersilie, Thymian und Lorbeerblätter, kann aber beliebig ergänzt werden.
Braten	Man unterscheidet das Braten im Backrohr und das Braten in der Pfanne. Im Rohr werden ganze Bratenstücke bei nicht zu starker, trockener Hitze gegart. Beim Braten in der Pfanne werden einzelne Fleischstücke in diese gelegt. Dabei ist darauf zu achten, dass die Pfanne nicht zu heiß wird, je dicker das Fleischstück ist, desto geringer sollte die Temperatur sein
Brunoise schneiden	Darunter versteht man in kleinste Würfelchen schneiden.

C

Chorizo Wurst	Traditionell in Spanien. Meist besteht das Fleischprodukt aus Speck und Schweinefleisch, das mit Paprika, Knoblauch und Salz gewürzt wird. Sie unterscheiden sich nicht nur nach den Regionen, sondern auch im Schärfegrad und im Fettgehalt.
Consommè	Klare, kräftige Suppe, meist von Rind, Kalb und Fisch.
Cutter	Küchengerät zum Zerkleinern und Pürieren, also "cuttern".

D

Dämpfen	Eine sehr schonende Methode der Garmachung durch Wasserdampf. Meist mittels Siebeinsatz im Topf.
Degraissieren	Auch Abfetten oder Abschöpfen. Das Entfernen von Fett oder Schaum, meist aus Brühen und Saucen. Man degraissiert beispielsweise eine Suppe indem man das oben abgesetzte Fett mit einem Schöpfer entfernt.
Dekantieren	Fond oder Suppe mechanisch klären, indem man die Flüssigkeit vorsichtig von den am Boden abgesetzten Trübstoffen abgießt. Diese Technik wird auch bei alten Rotweinen angewandt.

Dressieren	Speisen werden in die richtige Form gebracht, beispielsweise das Zusammenbinden eines Bratens oder von Geflügel.
Dünsten	Darunter versteht man eine besonders schonende Zubereitungstechnik. Das Kochgut wird zugedeckt im eigenen Saft oder unter der Zugabe von Wasser (und ev. auch Fett) gegart

E

Einbrenn	Auch Mehlschwitze genannt. Butter schmelzen, Mehl dazu rühren und so lange kochen bis das Gemisch braun wird. Milch sorgfältig unterrühren und so lange kochen bis die Einbrenn cremig wird.
Einmachen	Verschiedene Lebensmittel durch gezieltes Aufkochen konservieren.
Essenz	Kräftig eingekochte, klare Brühe.

F

Filetieren	Filetieren kann man Fleisch, Geflügel und Fisch ebenso wie Zitrusfrüchte. Bei Letzterem versteht man das exakte Entfernen der Schale und Fruchthaut und das anschließende in Spalten schneiden. Bei Fleisch und Fisch meint man damit das Entfernen von Knochen, Innereien oder Gräten.

Flambieren	Die Speise wird mit Alkohol übergossen und entzündet. Zum Flambieren wird meist ein aromatischer Alkohol verwendet, etwa Kirschwasser. Der Alkoholgehalt sollte keinesfalls unter 40 Volumenprozenten liegen. Die Speise wird durch die Aromastoffe des Alkohols verfeinert. Zum Flambieren empfiehlt es sich eine Flambier Pfanne zu verwenden.
Fleur de Sel	Sehr feines Meersalz von höchster Qualität.
Fond	Flüssigkeit die beim Braten, Dünsten und Kochen von Fisch, Fleisch und Gemüse entsteht. Sie dient als Grundlage von Saucen und Suppen.
Frittieren	Auch „Herausbacken“ genannt. Darunter versteht man das Lebensmittel im Back Teig oder mit Panier in viel Fett schwimmend in der Pfanne oder der Fritteuse gegart werden.

G

Gehen lassen	Darunter versteht man, dass man einen Hefeteig ruhen lässt bis er aufgeht, meist schwillt der Teig auf das doppelte Volumen an.
Gelieren	Frucht- oder Fruchtfleischsäfte mithilfe eigener oder zugesetzter Geliermittel (Agar Agar, Gelatine) in halbfeste Gelees verwandeln.
Ghee	Ist ein dem Butterschmalz verwandtes Produkt und gehört in der indischen und pakistanischen Küche zu den wichtigsten Speisefetten.

	Es handelt sich dabei um Fett, das in der Regel aus Butter durch verschiedene Verfahren gewonnen wird. Im Unterschied zu Butter enthält Ghee kein Milcheiweiß und nur noch wenig Wasser.
Glasieren	Lebensmitteln wird eine glänzende Oberfläche gegeben. Die Speisen werden dazu meist mit Fond, Gelee, Honig oder Butter überzogen. Ein Überzug mit Zucker wird Fondant-Glasur genannt
Gratinieren	Auch überbacken. Darunter versteht man das Bräunen von Speisen mit Krustenbildung an der Oberfläche.

H

Haschieren	Etwas sehr fein hacken.

J

Julien schneiden	In feine Streifen schneiden.

K

Kannelieren	Etwas zur Dekoration mit einem gerippten Messer schneiden, beispielsweise Gurkenscheiben.
Karamellisieren	Das Verwandeln von Zucker in Karamell durch trockenes Erhitzen.

Kefir	Ist ein traditionelles, kohlensäurehaltiges Sauermilchgetränk, dessen Herkunft nicht vollständig geklärt ist. Zu den Hauptzutaten zählen die sogenannten Kefirpilze. Diese enthalten unter anderem eine Mischung aus Hefe und Bakterien, die wichtig für die Fermentierung (Umwandlung von Zucker in Säure) sind. Ausgewachsene Pilze ähneln optisch einem Blumenkohl.
Konfieren	Auch Kandieren. Das Haltbarmachen von Früchten indem sie mit einer Zuckerschicht überzogen werden.
Konservieren	Bedeutet Lebensmittel durch spezielle Verfahren haltbar machen. Chemische Methoden: Einsalzen, pökeln, räuchern, einlegen, einzuckern, einsäuern. Physikalisch: Pasteurisieren, tiefkühlen, kühlen, sterilisieren, trocknen.

L

Läuterzucker	Dünnflüssige Zuckerlösung. Läuterzucker wird zum Kandieren von Früchten eingesetzt. Dabei werden die Früchte mit der lauwarmen Zuckerlösung übergossen und mehrere Male aufgekocht, um letztendlich mit einer Zuckerschicht überzogen zu sein.
Legieren	Auch "binden" genannt. Das Eindicken von Flüssigkeiten, dass die Konsistenz cremig wird. Bindemittel sind meist Mehl, Kartoffelstärke, Eigelb oder Gelatine.

M

Marinieren	Einlegen von Lebensmitteln in Flüssigkeit, etwa von rohem Fleisch oder Fisch in eine saure Flüssigkeit, die Marinade. Als Marinade werden oft auch saure Salatsaucen bezeichnet, sie werden unmittelbar vor dem Verzehr mit den anderen Zutaten vermischt.
Montieren	Aufschlagen einer Suppe mit kalter Butter mittels eines Schneebesens. Dadurch ergibt sich eine leichte Bindung. Darf erst kurz vor dem Servieren gemacht werden.

N

Nappieren	Das Überziehen von Speisen mit einer Sauce. Im Gegensatz zum Saucieren wird beim Nappieren die Speise mit der Sauce bedeckt. Der Begriff bezeichnet auch das Überziehen mit Gelee.

O

Omelett	Eierkuchen

P

Panieren	Das Wenden von Fisch, Fleisch, Gemüse oder auch Tofu in Mehl, Ei und Semmelbröseln. Das bekannteste panierte Gericht ist das Wiener Schnitzel.
Parfümieren	Die geschmackliche Veränderung eines Gerichts, meist mit Hilfe von Obstbränden oder Likören.
Parieren	Das Entfernen von allen unerwünschten Teilen wie etwa Sehnen oder Haut.
Passieren	Darunter versteht man das durch ein feines Sieb oder Tuch streichen von Flüssigkeiten.
Piment	Ist unter zahlreichen weiteren Bezeichnungen bekannt, beispielsweise als Nelkenpfeffer (der Duft erinnert an Nelken), Jamaikapfeffer (von Christoph Kolumbus) oder als Gewürzkorn. Es handelt sich dabei um einen Baum, der bis zu 15 m hochwachsen kann.
Pochieren	Schonende Methode zum Garen von Lebensmitteln. Das Kochgut wird in nicht zu viel Flüssigkeit gegeben, diese sollte keinesfalls heißer als 80 Grad Celsius sein. Wichtig ist es bei diesem Vorgang, dass das Wasser auch nicht heißer wird. Dem Wasser können auch Aromastoffe wie Wein, Essig oder Gewürze hinzugefügt werden.
Pürieren	Herstellung von Brei oder Mus mittels Stabmixer oder Stampfer.

Q

Quark	Topfen
Quellen	In Flüssigkeit einweichen, meist lässt man getrocknete Lebensmittel oder Hülsenfrüchte über Nacht quellen, dass sie weich werden.
Quirlen	Zubereitung mit einem Schneebesen, Handquirl oder mechanisch/elektrischem Quirl. Meist sind beim elektrischen Quirlen zwei Besen miteinander kombiniert, die beim Drehen ineinandergreifen.

R

Reduzieren	Absichtlicher Flüssigkeitsentzug durch Verdampfen oder Abschöpfen zur Verdichtung der Speise.
Rösten	Fettloses Erhitzen von Lebensmitteln bei etwa 300 Grad. Das Rösten dient der Veränderung des Geschmacks, wichtig ist, dass der Vorgang nicht zu lange dauert, weil sonst die Gefahr des Anbrennens besteht. Geröstet werden meist Nüsse oder Getreide.

S

Sambal	Ist eine dickflüssige, aus Indonesien stammende Würzsauce auf Chili-Basis, die traditionell in kleinen Schälchen als Würzbeilage zu Gemüse, Huhn, Fisch und Reis gereicht wird. Je nach Rezept variieren die einzelnen Zubereitungen in ihrem Schärfegrad.
Sangrita	Getränk aus verschiedenen Frucht- und Gemüsesäften, welches in Mexiko gerne zu Tequila gereicht wird.
Sautieren	Bezeichnet das ganz kurze Anbraten.
Schalotte	Auch Edelzwiebel genannt und gehört zur Gattung Lauch.
Schattenmorelle	Schattenmorelle ist eine altbekannte Sauerkirsche, die schon vor 1650 erwähnt wurde und stammt aus Frankreich
Schmoren	Das Fleisch wird zuerst kräftig angebraten und anschließend mit Flüssigkeit aufgegossen. Das Kochgut wird bei geschlossenem Topf auf dem Herd oder im Rohr weich gegart.
Schmurgeln	Braten
Schwenken	Kochgut, meist Gemüse, mit Butter in eine Pfanne geben und durch schwenkende Bewegungen die Butter auf dem Gemüse verteilen.
Sieben	Mehl wird meist mit Backpulver versiebt, dadurch wird das Backpulver besser verteilt und der Teig feiner.

Spicken	Fleisch oder wild wird mit Streifen von geräuchertem, fetten Speck durchzogen. Dadurch wird das Austrocknen des Bratens verhindert. Mit einer Spicknadel werden die Speckstreifen durch die obere Fleischschicht gezogen, die Enden stehen hervor.

T

Teriyaki Sauce	Ist eine typische japanische Soße bei Fisch und Fleisch
Tournieren	Darunter versteht man das Zurechtschneiden von Obst und Gemüse. Dazu benutzt man am besten ein eigenes Tournier-Messer oder einen Ausstecher. Die Obst- und Gemüsestücke werden zur Dekoration verwendet.
Tranchieren	Das in Scheiben schneiden von Fleisch, Fisch und Geflügel. Zumeist verwendet man eigenes Tranchierwerkzeug bestehend aus einem Tranchiermesser und einer Tranchiergabel.

U

Unterziehen / Unterheben:	Vorsichtiges Einarbeiten von Schaum oder Schlagobers, am bestem mit Hilfe eines Schneebesens.

V

Vanillieren	Mit Vanille würzen. Entweder man gibt beim Kochen die ganze Vanilleschote dem Gericht bei oder man kratzt das Mark aus der Vanilleschote.

W

Wasserbad	Das Erwärmen mittels Wasserbad ist eine schonende und anbrennsichere Methode, die vor allem beim Schmelzen von Schokolade Anwendung findet. Der Topf mit den Speisen wird in einen mit Topf mit siedendem Wasser gestellt.
Worcestershiresauce	Ist eine klassische englische Würzsauce.

Z

Zerlassen	Butter oder andere feste oder halbfeste Fette durch vorsichtiges Erwärmen zum Schmelzen bringen, auch Schokolade oder fest gewordenen Honig im Wasserbad bei maximal 100°C zerlassen.
Ziselieren	Darunter versteht man das Einschneiden von Fleisch- und Fischstücken, um das Aufreißen während des Garens zu verhindern. Außerdem empfiehlt es sich vor dem Braten die Ränder von Fleischstücken einzuschneiden, dadurch bleiben die Filets flach am Pfannenboden liegen.

Zutaten die in keiner Küche fehlen sollten

Gewürze	Als Grundgewürze sind Salz und Pfeffer zu sehen. Dabei gelten sie in der Küche allerdings nicht direkt als Gewürze, denn Salz und Zucker gehören zu den sogenannten Geschmacksverstärkern, welche dazu dienen den natürlichen Geschmack von Lebensmitteln in den Fokus zu rücken. Doch andere Gewürze wie Kumin, Koriander, Schnittlauch, Curry oder Paprika geben Deinen Basisgerichten gleich einen ganz anderen Geschmack.
Passierte Tomaten	Sehr nützlich, um Tomatensoßen für Nudeln, Reis und Pfannengemüse zu kochen. Auch für Lasagnen oder Quiches eignet sich Tomatenpüree gut.
Öl und Essig	Um Soßen wie Vinaigretten zu machen, Gemüse zu braten oder Mayonnaisen zuzubereiten, kann man auf Öl und Essig nicht verzichten! Zur Grundausstattung gehören mindestens Olivenöl und Rapsöl. In einigen Ländern werden auch Spezialöle wie Kürbiskernöl verwendet. Als Essig kann man auch Spezialessige wie Weißweinessig, Rotweinessig, Himbeeressig und Balsamico Essig kaufen.
Zwiebeln, Knoblauch, Schalotten	Werden bei fast allen Gerichten immer benötigt.

Senf	Senf wird gerne auch zum Würzen genommen. Dabei werden Mayonnaisen, Salate oder Fleischgerichte damit geschmacklich verändert.
Milch	Ob für Pfannkuchen, Kuchen oder Soßen, Milch braucht man in vielen Gerichten. Wenn man keine Laktose verträgt kann man zu laktosefreier Milch oder Soja- oder Mandelmilch wechseln. Diese sind für den Körper leichter zu verdauen.
Nudeln, Reis und Hülsenfrüchte	Der Vorteil dieser Lebensmittel ist, dass sie nicht schlecht werden. Schaffe Dir also einen ganzen Vorrat verschiedener Nudel- und Reissorten und Hülsenfrüchte an: rote Linsen, Kichererbsen, gelbe Erbsen, weiße Bohnen, rote Bohnen. Da sie nicht schlecht werden, kannst du sie lange verwenden.
Geriebener Käse	Ob Emmentaler, Parmesan oder welcher Käse auch immer, geriebener Käse kann jedes Gericht aufpeppen, ob Nudeln, Aufläufe oder Risotto.
Kalbsfond und Hühnerbrühe	Um Suppen oder Soßen als Beilage zu kochen, sind beide nicht zu vernachlässigen, denn sie verändern den Geschmack wesentlich. Sie können viel Speisen geschmacklich verbessern.
Kochsahne	Mit Kochsahne, die sich ziemlich lange frisch hält, kannst Du Soßen für Nudeln und Aufläufe, Quiches und andere herzhafte Gerichte kochen. Als Alternative kann man auch Soja Sahne oder Kokosmilch verwenden.

Butter und Margarine	Werden immer zum Braten oder Backen verwendet.
Zucker	Insbesondere beim Backen, aber auch beim Kochen, benötigen Sie Zucker, um den Gerichten eine süße Note zu geben. Natürlich ist er insbesondere für Desserts wichtig, doch auch bei Speisen, von denen man es auf den ersten Blick nicht annimmt, rundet ein bisschen Zucker den Geschmack meist erst richtig ab. Ein klassisches Beispiel ist Tomatensauce. Ob weißer oder brauner Zucker, der Effekt ist derselbe: Speisen werden durch ihn gesüßt. Sorte und Menge sind Geschmackssache. Weitere Informationen über die verschiedenen Zuckerarten und deren Gewinnung finden Sie hier.
Mehl	Je nach Gericht und Geschmack kommen unterschiedliche Sorten Mehl zum Einsatz, am häufigsten verwendet wird Type 405. Es gibt verschiedene Mehl-Arten, die aus unterschiedlichen Getreidesorten entstehen. Meist handelt es sich dabei um Weizenmehl. Die Bezeichnung "Type 405" oder "Type 1050" gibt an, wie hoch der Anteil an ganzem Korn ist, das vermahlen wurde. Höhere Zahlen sind vollkörniger und weisen einen größeren Anteil an Mineralstoffen auf. Jedoch sind diese auch gröber und lassen sich schwerer verarbeiten. Für die Grundausstattung einer Küche reicht meistens das gewöhnliche Haushaltsmehl Type 405.

Reis	Eine weitere beliebte Beilage ist der Reis. Er stammt aus Asien und dient als Grundnahrungsmittel für große Teile der Weltbevölkerung. Die Zubereitung erfolgt klassischerweise durch Quellen in heißem Wasser. Anfänger verwenden gern Kochbeutel-Reis und kochen diesen im Wasser.